# La Ferme
# des animaux

© Eric Blair, 1945 pour le texte.
© Éditions Champ Libre, 1981 pour la traduction française.
© Éditions Belin/Éditions Gallimard, 2013 pour l'introduction, les notes et le dossier
pédagogique.
170 bis, boulevard du Montparnasse, 75680 Paris cedex 14

ISBN 978-2-7011-6457-1
ISSN 2104-9610

CLASSICOLYCÉE

# La Ferme des animaux

## GEORGE ORWELL

**Traduit de l'anglais
par Jean Quéval**

**Dossier par Laure Mangin**
*Agrégée de lettres modernes*

BELIN ■ GALLIMARD

# Sommaire

# Le tour de l'œuvre en 9 fiches

# Groupements de textes

# Vers l'écrit du Bac

# Fenêtres sur...

Des ouvrages à lire, des films à voir,
et des sites Internet à consulter

# Glossaire

# Pour entrer dans l'œuvre

Un jour, George Orwell observe un jeune garçon cravachant un énorme cheval de trait pour le faire avancer. Dans sa préface à une édition de *La Ferme des animaux*, il rapporte les questions qui lui viennent alors à l'esprit : « L'idée m'a frappé que si de tels animaux prenaient conscience de leur force, nous n'aurions plus aucun pouvoir sur eux, et que les hommes exploitaient les animaux à peu près comme les riches exploitent le prolétariat. J'entrepris de considérer la théorie marxiste du point de vue des animaux. » Appliquer les idées politiques de Karl Marx au monde des bêtes : tel est le projet de l'écrivain. C'est ainsi qu'il a l'idée d'écrire *La Ferme des animaux*, récit d'une révolte animale dans une petite ferme d'Angleterre.

En 1943, lorsqu'il entreprend la rédaction de cette fable politique, George Orwell (de son vrai nom Eric Blair) est un écrivain et un journaliste reconnu et engagé. Il a découvert les terribles conditions de travail des mineurs en enquêtant sur le chômage dans le nord de l'Angleterre. Il a lutté aux côtés des républicains pendant la guerre civile espagnole, s'engageant dans la milice du POUM, parti révolutionnaire d'extrême gauche, pour combattre le général Franco. Il s'est opposé au régime soviétique de Staline, qui sacrifie à la révolution les valeurs démocratiques. Contrairement à de nombreux intellectuels socialistes, il a condamné sans appel le pacte germano-soviétique de 1939, concession de l'URSS au nazisme pour éviter le conflit armé. Farouche opposant à toutes les formes de totalitarisme, il développe ses idées politiques dans les pages de journaux britanniques. Cependant, il prend conscience de la nécessité d'adopter un langage plus simple pour toucher un public plus large. Il choisit donc de transposer ses réflexions dans un univers de fiction plaisant, et c'est ainsi qu'il donne à un groupe de cochons les traits de dirigeants soviétiques.

Rédigé pendant la Seconde Guerre mondiale, le manuscrit de *La Ferme des animaux* est achevé au début de l'année 1944. Jugé trop provocateur, il est refusé par plusieurs maisons d'édition, avant d'être publié en août 1945. Dès sa sortie, l'œuvre rencontre un vif succès: les réimpressions se succèdent, les traductions se multiplient. Le public apprécie l'humour de la fable autant que la virulence de la dénonciation: le pari est réussi.

Le propriétaire de la Ferme du Manoir, Mr. Jones, avait poussé
le verrou des poulaillers, mais il était bien trop saoul pour s'être
rappelé de rabattre les trappes. S'éclairant de gauche et de droite
avec sa lanterne, c'est en titubant qu'il traversa la cour. Il entreprit
5  de se déchausser, donnant du pied contre la porte de la cuisine,
tira au tonneau un dernier verre de bière et se hissa dans le lit où
était Mrs. Jones, déjà en train de ronfler.

Dès que fut éteinte la lumière de la chambre, ce fut à travers
les bâtiments de la ferme un bruissement d'ailes et bientôt tout un
10  remue-ménage. Dans la journée, la rumeur s'était répandue que
Sage l'Ancien avait été visité, au cours de la nuit précédente, par
un rêve étrange dont il désirait entretenir les autres animaux. Sage
l'Ancien était un cochon qui, en son jeune temps, avait été proclamé
lauréat[1] de sa catégorie – il avait concouru sous le nom de Beauté
15  de Willingdon[2], mais pour tout le monde il était Sage l'Ancien. Il
avait été convenu que tous les animaux se retrouveraient dans la
grange dès que Mr. Jones se serait éclipsé. Et Sage l'Ancien était
si profondément vénéré que chacun était prêt à prendre sur son
sommeil pour savoir ce qu'il avait à dire.

20  Lui-même avait déjà pris place à l'une des extrémités de la grange,
sur une sorte d'estrade (cette estrade était son lit de paille éclairé
par une lanterne suspendue à une poutre). Il avait douze ans, et

---

1. **Lauréat**: gagnant d'un concours.
2. **Willingdon**: village d'Angleterre.

avec l'âge avait pris de l'embonpoint, mais il en imposait encore, et on lui trouvait un air raisonnable, bienveillant même, malgré ses
25 canines intactes. Bientôt les autres animaux se présentèrent, et ils se mirent à l'aise, chacun suivant les lois de son espèce. Ce furent d'abord le chien Filou et les deux chiennes qui se nommaient Fleur et Constance, et ensuite les cochons qui se vautrèrent sur la paille, face à l'estrade. Les poules allèrent se percher sur des appuis de
30 fenêtres et les pigeons sur les chevrons[1] du toit. Vaches et moutons se placèrent derrière les cochons, et là se prirent à ruminer. Puis deux chevaux de trait[2], Malabar et Douce, firent leur entrée. Ils avancèrent à petits pas précautionneux, posant avec délicatesse leurs nobles sabots sur la paille, de peur qu'une petite bête ou l'autre s'y
35 fût tapie. Douce était une superbe matrone[3] entre deux âges qui, depuis la naissance de son quatrième poulain, n'avait plus retrouvé la silhouette de son jeune temps. Quant à Malabar : une énorme bête, forte comme n'importe quels deux chevaux. Une longue raie blanche lui tombait jusqu'aux naseaux, ce qui lui donnait un air
40 un peu bêta ; et, de fait, Malabar n'était pas génial[4]. Néanmoins, chacun le respectait parce qu'on pouvait compter sur lui et qu'il abattait une besogne fantastique. Vinrent encore Edmée, la chèvre blanche, et Benjamin, l'âne. Benjamin était le plus vieil animal de la ferme et le plus acariâtre[5]. Peu expansif[6], quand il s'exprimait
45 c'était en général par boutades cyniques[7]. Il déclarait, par exemple, que Dieu lui avait bien donné une queue pour chasser les mouches, mais qu'il aurait beaucoup préféré n'avoir ni queue ni mouches. De tous les animaux de la ferme, il était le seul à ne jamais rire. Quand on lui demandait pourquoi, il disait qu'il n'y a pas de quoi
50 rire. Pourtant, sans vouloir en convenir, il était l'ami dévoué de

---

1. **Chevrons** : pièces de bois sur lesquelles sont fixées les lattes de la toiture.
2. **Chevaux de trait** : chevaux utilisés pour tirer des attelages (charrette, charrue...).
3. **Matrone** : femme d'âge mûr.
4. **N'était pas génial** : ne brillait pas par son génie, par son intelligence.
5. **Acariâtre** : de mauvaise humeur, mécontent.
6. **Peu expansif** : peu bavard, communiquant peu ses émotions.
7. **Boutades cyniques** : plaisanteries fatalistes.

Malabar. Ces deux-là passaient d'habitude le dimanche ensemble, dans le petit enclos derrière le verger, et sans un mot broutaient de compagnie.

55 À peine les deux chevaux s'étaient-ils étendus sur la paille qu'une couvée de canetons, ayant perdu leur mère, firent irruption dans la grange, et tous ils piaillaient de leur petite voix et s'égaillaient[1] çà et là, en quête du bon endroit où personne ne leur marcherait dessus. Douce leur fit un rempart de sa grande jambe, ils s'y blot-tirent et s'endormirent bientôt. À la dernière minute, une autre
60 jument, répondant au nom de Lubie (la jolie follette blanche que Mr. Jones attelle à son cabriolet[2]) se glissa à l'intérieur de la grange en mâchonnant un sucre. Elle se plaça sur le devant et fit des mines avec sa crinière blanche enrubannée de rouge. Enfin ce fut la chatte. À sa façon habituelle, elle jeta sur l'assemblée un regard circulaire,
65 guignant[3] la bonne place chaude. Pour finir, elle se coula entre Douce et Malabar. Sur quoi elle ronronna de contentement, et du discours de Sage l'Ancien n'entendit pas un traître mot.

Tous les animaux étaient maintenant au rendez-vous – sauf Moïse, un corbeau apprivoisé qui sommeillait sur un perchoir, près de
70 la porte de derrière – et les voyant à l'aise et bien attentifs, Sage l'Ancien se racla la gorge puis commença en ces termes :

« Camarades, vous avez déjà entendu parler du rêve étrange qui m'est venu la nuit dernière. Mais j'y reviendrai tout à l'heure. J'ai d'abord quelque chose d'autre à vous dire. Je ne compte pas,
75 camarades, passer encore de longs mois parmi vous. Mais avant de mourir je voudrais m'acquitter d'un devoir, car je désire vous faire profiter de la sagesse qu'il m'a été donné d'acquérir. Au cours de ma longue existence, j'ai eu, dans le calme de la porcherie, tout loisir de méditer. Je crois être en mesure de l'affirmer : j'ai, sur la
80 nature de la vie en ce monde, autant de lumières que tout autre animal. C'est de quoi je désire vous parler.

---

1. **S'égaillaient** : se dispersaient.
2. **Cabriolet** : voiture tirée par un cheval.
3. **Guignant** : regardant avec envie.

Quelle est donc, camarades, la nature de notre existence? Regardons les choses en face : nous avons une vie de labeur, une vie de misère, une vie trop brève. Une fois au monde, il nous est tout juste
85   donné de quoi survivre, et ceux d'entre nous qui ont la force voulue sont astreints[1] au travail jusqu'à ce qu'ils rendent l'âme. Et dans l'instant que nous cessons d'être utiles, voici qu'on nous égorge avec une cruauté inqualifiable. Passée notre première année sur cette terre, il n'y a pas un seul animal qui entrevoie ce que signifient des
90   mots comme loisir ou bonheur. Et quand le malheur l'accable, ou la servitude, pas un animal qui soit libre. Telle est la simple vérité.

Et doit-il en être tout uniment ainsi par un décret[2] de la nature? Notre pays est-il donc si pauvre qu'il ne puisse procurer à ceux qui l'habitent une vie digne et décente? Non, camarades, mille fois
95   non! Fertile est le sol de l'Angleterre et propice son climat. Il est possible de nourrir dans l'abondance un nombre d'animaux bien plus considérable que ceux qui vivent ici. Cette ferme à elle seule pourrait pourvoir aux besoins d'une douzaine de chevaux, d'une vingtaine de vaches, de centaines de moutons – tous vivant dans
100  l'aisance une vie honorable. Le hic[3], c'est que nous avons le plus grand mal à imaginer chose pareille. Mais puisque telle est la triste réalité, pourquoi en sommes-nous toujours à végéter[4] dans un état pitoyable? Parce que tout le produit de notre travail, ou presque, est volé par les humains. Camarades, là se trouve la réponse à nos
105  problèmes. Tout tient en un mot : l'Homme. Car l'Homme est notre seul véritable ennemi. Qu'on le supprime, et voici extirpée la racine du mal. Plus à trimer[5] sans relâche! Plus de meurt-la-faim!

L'Homme est la seule créature qui consomme sans produire. Il ne donne pas de lait, il ne pond pas d'œufs, il est trop débile[6] pour

---

1. **Astreints** : contraints.
2. **Uniment** : partout de même ; **décret** : décision.
3. **Le hic** : le problème.
4. **Végéter** : vivoter, survivre.
5. **Trimer** : travailler très durement (familier).
6. **Débile** : faible.

110   pousser la charrue, bien trop lent pour attraper un lapin. Pourtant
le voici le suzerain de tous les animaux. Il distribue les tâches entre
eux, mais ne leur donne en retour que la maigre pitance[1] qui les
maintient en vie. Puis il garde pour lui le surplus. Qui laboure
le sol ? Nous ! Qui le féconde ? Notre fumier ! Et pourtant pas un

115   parmi nous qui n'ait que sa peau pour tout bien. Vous, les vaches
là devant moi, combien de centaines d'hectolitres de lait n'avez-
vous pas produit l'année dernière ? Et qu'est-il advenu de ce lait
qui vous aurait permis d'élever vos petits, de leur donner force
et vigueur ? De chaque goutte l'ennemi s'est délecté et rassasié.

120   Et vous les poules, combien d'œufs n'avez-vous pas pondus cette
année-ci ? Et combien de ces œufs avez-vous couvés ? Tous les autres
ont été vendus au marché, pour enrichir Jones et ses gens ! Et toi,
Douce, où sont les quatre poulains que tu as portés, qui auraient
été la consolation de tes vieux jours ? Chacun d'eux fut vendu à

125   l'âge d'un an, et plus jamais tu ne les reverras ! En échange de tes
quatre maternités et du travail aux champs, que t'a-t-on donné ? De
strictes rations de foin plus un box[2] dans l'étable !

Et même nos vies misérables s'éteignent avant le terme. Quant à
moi, je n'ai pas de hargne, étant de ceux qui ont eu de la chance. Me

130   voici dans ma treizième année, j'ai eu plus de quatre cents enfants.
Telle est la vie normale chez les cochons, mais à la fin aucun animal
n'échappe au couteau infâme. Vous autres, jeunes porcelets assis là
et qui m'écoutez, dans les douze mois chacun de vous, sur le point
d'être exécuté, hurlera d'atroce souffrance. Et à cette horreur et à

135   cette fin, nous sommes tous astreints – vaches et cochons, moutons
et poules, et personne n'est exempté[3]. Les chevaux eux-mêmes et
les chiens n'ont pas un sort plus enviable. Toi, Malabar, le jour où
tes muscles fameux n'auront plus leur force ni leur emploi, Jones
te vendra à l'équarrisseur[4], et l'équarrisseur te tranchera la gorge ;

---

**1. Pitance** : nourriture.
**2. Box** : compartiment, place.
**3. Exempté** : dispensé, épargné.
**4. Équarrisseur** : personne chargée d'abattre, de dépecer et de désosser un animal.

140 il fera bouillir tes restes à petit feu, et il en nourrira la meute de ses chiens. Quant aux chiens eux-mêmes, une fois édentés et hors d'âge, Jones leur passe une grosse pierre au cou et les noie dans l'étang le plus proche.

Camarades, est-ce que ce n'est pas clair comme de l'eau de
145 roche ? Tous les maux de notre vie sont dus à l'Homme, notre tyran. Débarrassons-nous de l'Homme, et nôtre sera le produit de notre travail. C'est presque du jour au lendemain que nous pourrions devenir libres et riches. À cette fin, que faut-il ? Eh bien, travailler de jour et de nuit, corps et âme, à renverser la
150 race des hommes. C'est là mon message, camarades. Soulevons-nous ! Quand aura lieu le soulèvement, cela je l'ignore : dans une semaine peut-être ou dans un siècle. Mais, aussi vrai que sous moi je sens de la paille, tôt ou tard justice sera faite. Ne perdez pas de vue l'objectif, camarades, dans le temps compté qui vous reste à
155 vivre. Mais avant tout, faites part de mes convictions à ceux qui viendront après vous, afin que les générations à venir mènent la lutte jusqu'à la victoire finale.

Et souvenez-vous-en, camarades : votre résolution ne doit jamais se relâcher. Nul argument ne vous fera prendre des vessies pour
160 des lanternes[1]. Ne prêtez pas l'oreille à ceux selon qui l'Homme et les animaux ont des intérêts communs, à croire vraiment que de la prospérité de l'un dépend celle des autres ? Ce ne sont que des mensonges. L'Homme ne connaît pas d'autres intérêts que les siens. Que donc prévalent, entre les animaux, au fil de la lutte,
165 l'unité parfaite et la camaraderie sans faille. Tous les hommes sont des ennemis. Les animaux entre eux sont tous camarades. »

À ce moment-là ce fut un vacarme terrifiant. Alors que Sage l'Ancien terminait sa péroraison[2] révolutionnaire, on vit quatre rats imposants, à l'improviste surgis de leurs trous et se tenant assis,

---

**1. Prendre des vessies pour des lanternes** : croire des mensonges grossiers (figuré).
**2. Péroraison** : conclusion.

à l'écoute. Les chiens les ayant aperçus, ces rats ne durent le salut qu'à une prompte retraite vers leur tanière. Alors Sage l'Ancien leva une patte auguste[1] pour réclamer le silence.

«Camarades, dit-il, il y a une question à trancher. Devons-nous regarder les créatures sauvages, telles que rats et lièvres, comme des alliées ou comme des ennemies? Je vous propose d'en décider. Que les présents se prononcent sur la motion[2] suivante: Les rats sont-ils nos camarades?»

Derechef on vota, et à une écrasante majorité il fut décidé que les rats seraient regardés en camarades. Quatre voix seulement furent d'un avis contraire: les trois chiens et la chatte (on le découvrit plus tard, celle-ci avait voté pour et contre). Sage l'Ancien reprit:

«J'ai peu à ajouter. Je m'en tiendrai à redire que vous avez à montrer en toutes circonstances votre hostilité envers l'Homme et ses façons de faire. L'ennemi est tout deuxpattes, l'ami tout quatre-pattes ou tout volatile. Ne perdez pas de vue non plus que la lutte elle-même ne doit pas nous changer à la ressemblance de l'ennemi. Même après l'avoir vaincu, gardons-nous de ses vices. Jamais animal n'habitera une maison, ne dormira dans un lit, ne portera de vêtements, ne touchera à l'alcool ou au tabac, ni à l'argent, ni ne fera négoce[3]. Toutes les mœurs[4] de l'Homme sont de mauvaises mœurs. Mais surtout, jamais un animal n'en tyrannisera un autre. Quand tous sont frères, peu importe le fort ou le faible, l'esprit profond ou simplet. Nul animal jamais ne tuera un autre animal. Tous les animaux sont égaux.

Maintenant, camarades, je vais vous dire mon rêve de la nuit dernière. Je ne m'attarderai pas à le décrire vraiment. La terre m'est apparue telle qu'une fois délivrée de l'Homme, et cela m'a fait me ressouvenir d'une chose enfouie au fin fond de la mémoire. Il y a

---

1. **Auguste**: solennelle, imposante.
2. **Motion**: texte soumis au vote d'une assemblée, proposé par l'un de ses membres.
3. **Négoce**: commerce.
4. **Mœurs**: habitudes, coutumes.

belle lurette[1], j'étais encore cochon de lait[2], ma mère et les autres
200 truies chantaient souvent une chanson dont elles ne savaient que
l'air et les trois premiers mots. Or, dans mon rêve de la nuit dernière,
cette chanson m'est revenue avec toutes les paroles – des paroles,
j'en suis sûr, que jadis ont dû chanter les animaux, avant qu'elles
se perdent dans la nuit des temps. Mais maintenant, camarades, je
205 vais la chanter pour vous. Je suis d'un âge avancé, certes, et ma voix
est rauque, mais quand vous aurez saisi l'air, vous vous y retrouverez
mieux que moi. Le titre, c'est *Bêtes d'Angleterre*. »

Sage l'Ancien se racla la gorge et se mit à chanter. Sa voix était
rauque, ainsi qu'il avait dit, mais il se tira bien d'affaire. L'air tenait
210 d'*Amour toujours* et de *La Cucaracha*[3], et on en peut dire qu'il était
plein de feu[4] et d'entrain. Voici les paroles de la chanson :

> *Bêtes d'Angleterre et d'Irlande,*
> *Animaux de tous les pays,*
> *Prêtez l'oreille à l'espérance*
215 > *Un âge d'or vous est promis.*

> *L'homme tyran exproprié*[5]*,*
> *Nos champs connaîtront l'abondance,*
> *De nous seuls ils seront foulés,*
> *Le jour vient de la délivrance.*

220 > *Plus d'anneaux qui pendent au nez,*
> *Plus de harnais sur nos échines*[6]*,*

---

1. **Belle lurette** : bien longtemps.
2. **Cochon de lait** : petit cochon qui tête encore sa mère.
3. *Amour toujours* : chanson traditionnelle américaine (en anglais, son titre original est *Clementine*) ; *La Cucaracha* : chanson traditionnelle mexicaine.
4. **Feu** : ardeur, passion.
5. **Exproprié** : dépouillé de ses biens, de ses terres.
6. **Échines** : dos.

*Les fouets cruels sont retombés*
*Éperons et mors[1] sont en ruine.*

*Des fortunes mieux qu'en nos rêves,*
225 *D'orge et de blé, de foin, oui da[2],*
*De trèfle, de pois et de raves[3]*
*Seront à vous de ce jour-là.*

*Ô comme brillent tous nos champs,*
*Comme est plus pure l'eau d'ici,*
230 *Plus doux aussi souffle le vent*
*Du jour que l'on est affranchi[4].*

*Vaches, chevaux, oies et dindons,*
*Bien que l'on meure avant le temps,*
*Ce jour-là préparez-le donc,*
235 *Tout être libre absolument.*

*Bêtes d'Angleterre et d'Irlande,*
*Animaux de tous les pays,*
*Prêtez l'oreille à l'espérance*
*Un âge d'or vous est promis.*

240    D'avoir chanté un chant pareil suscita chez les animaux l'émotion, la fièvre et la frénésie[5]. Sage l'Ancien n'avait pas entonné le dernier couplet que tous s'étaient mis à l'unisson. Même les plus bouchés[6] des animaux avaient attrapé l'air et jusqu'à des bribes de

---

**1. Mors**: pièces de métal des harnais qui passent dans la bouche des chevaux et auxquelles sont fixées les rênes pour les guider.
**2. Oui da**: oui, assurément.
**3. Raves**: légumes dont on consomme la racine.
**4. Affranchi**: libéré d'un esclavage.
**5. La fièvre et la frénésie**: l'enthousiasme et l'excitation.
**6. Bouchés**: bornés, à l'esprit étroit.

paroles. Les plus délurés[1], tels que cochons et chiens, apprirent
245  le tout par cœur en quelques minutes. Et, après quelques répéti-
tions improvisées, la ferme entière retentit d'accents martiaux[2], qui
étaient beuglements des vaches, aboiements des chiens, bêlements
des moutons, hennissements des chevaux, couac-couac des canards.
*Bêtes d'Angleterre, animaux de tous les pays*: c'est ce qu'ils chantaient
250  en chœur à leurs différentes façons, et d'un tel enthousiasme qu'ils
s'y reprirent cinq fois de suite et d'un bout à l'autre. Si rien n'était
venu arrêter leur élan, ils se seraient exercés toute la nuit.

Malheureusement, Mr. Jones, réveillé par le tapage, sauta en
bas du lit, persuadé qu'un renard avait fait irruption dans la cour.
255  Il se saisit de la carabine, qu'il gardait toujours dans un coin de la
chambre à coucher, et dans les ténèbres déchargea une solide volée
de plomb. Celle-ci se logea dans le mur de la grange, de sorte que
la réunion des animaux prit fin dans la confusion. Chacun regagna
son habitat en grande hâte : les quatrepattes leurs lits de paille, les
260  volatiles leurs perchoirs. L'instant d'après, toutes les créatures de
la ferme sombraient dans le sommeil.

---

1. **Délurés**: débrouillards, malins.
2. **Martiaux**: guerriers.

# Chapitre 2

Trois nuits plus tard, Sage l'Ancien s'éteignait paisiblement dans son sommeil. Son corps fut enterré en bas du verger.

On était au début mars. Pendant les trois mois qui suivirent, ce fut une intense activité clandestine. Le discours de Sage l'Ancien
5 avait éveillé chez les esprits les plus ouverts des perspectives d'une nouveauté bouleversante. Les animaux ne savaient pas quand aurait lieu le soulèvement annoncé par le prophète, et n'avaient pas lieu de croire que ce serait de leur vivant, mais ils voyaient bien leur devoir d'en jeter les bases. La double tâche d'instruire et d'organiser
10 échut[1] bien normalement aux cochons, qu'en général on regardait comme l'espèce la plus intelligente. Et, entre les cochons, les plus éminents[2] étaient Boule de Neige et Napoléon, deux jeunes verrats[3] que Mr. Jones élevait pour en tirer bon prix. Napoléon était un grand et imposant Berkshire[4], le seul de la ferme. Avare de paroles,
15 il avait la réputation de savoir ce qu'il voulait. Boule de Neige, plus vif, d'esprit plus délié[5] et plus inventif, passait pour avoir moins de caractère. Tous les autres cochons de la ferme étaient à l'engrais[6]. Le plus connu d'entre eux, Brille-Babil[7], un goret bien en chair et

---

**1. Échut** : revint.
**2. Éminents** : supérieurs, intelligents.
**3. Verrats** : porcs non castrés.
**4. Berkshire** : race de cochon au pelage fauve tacheté de noir.
**5. Délié** : fin.
**6. À l'engrais** : en cours d'engraissage.
**7. Brille-Babil** : ce nom met en évidence l'éloquence du personnage. Le babil est un bavardage futile.

de petite taille, forçait l'attention par sa voix perçante et son œil
20    malin. On remarquait aussi ses joues rebondies et la grande vivacité
de ses mouvements. Brille-Babil, enfin, était un causeur éblouissant
qui, dans les débats épineux, sautillait sur place et battait l'air de la
queue. Cet art exerçait son plein effet au cours de discussions. On
s'accordait à dire que Brille-Babil pourrait bien vous faire prendre
25    des vessies pour des lanternes.

À partir des enseignements de Sage l'Ancien, tous trois – Napoléon, Boule de Neige et Brille-Babil – avaient élaboré un système
philosophique sans faille qu'ils appelaient l'Animalisme. Plusieurs
nuits chaque semaine, une fois Mr. Jones endormi, ils tenaient
30    des réunions secrètes dans la grange afin d'exposer aux autres les
principes de l'Animalisme. Dans les débuts, ils se heurtèrent à une
apathie [1] et à une bêtise des plus crasses [2]. Certains animaux invo-
quaient le devoir d'être fidèle à Mr. Jones, qu'ils disaient être leur
maître, ou bien ils faisaient des remarques simplistes, disant, par
35    exemple : « C'est Mr. Jones qui nous nourrit, sans lui nous dépéri-
rions », ou bien : « Pourquoi s'en faire pour ce qui arrivera quand
nous n'y serons plus ? », ou bien encore : « Si le soulèvement doit se
produire de toute façon, qu'on s'en mêle ou pas c'est tout un [3] »,
de sorte que les cochons avaient le plus grand mal à leur montrer
40    que ces façons de voir étaient contraires à l'esprit de l'Animalisme.
Les questions les plus stupides étaient encore celles de Lubie, la
jument blanche. Elle commença par demander à Boule de Neige :

« Après le soulèvement, est-ce qu'il y aura toujours du sucre ?

– Non, lui répondit Boule de Neige, d'un ton sans réplique. Dans
45    cette ferme, nous n'avons pas les moyens de fabriquer du sucre. De
toute façon, le sucre est du superflu. Tu auras tout le foin et toute
l'avoine que tu voudras.

– Et est-ce que j'aurai la permission de porter des rubans dans
ma crinière ?

---

**1. Apathie** : mollesse.
**2. Des plus crasses** : qui atteint un très haut degré.
**3. C'est tout un** : c'est du pareil au même.

50 – Camarade, repartit Boule de Neige, ces rubans qui te tiennent tant à cœur sont l'emblème de ton esclavage. Tu ne peux pas te mettre en tête que la liberté a plus de prix que ces colifichets[1] ? »

Lubie acquiesça sans paraître bien convaincue.

Les cochons eurent encore plus de mal à réfuter les mensonges 55 colportés par Moïse, le corbeau apprivoisé, qui était le chouchou de Mr. Jones. Moïse, un rapporteur, et même un véritable espion, avait la langue bien pendue. À l'en croire, il existait un pays mystérieux, dit Montagne de Sucrecandi, où tous les animaux vivaient après la mort. D'après Moïse, la Montagne de Sucrecandi se trouvait au 60 ciel, un peu au-delà des nuages. C'était tous les jours dimanche, dans ce séjour. Le trèfle y poussait à longueur d'année, le sucre en morceaux abondait aux haies des champs. Les animaux haïssaient Moïse à cause de ses sornettes et parce qu'il n'avait pas à trimer comme eux, mais malgré tout certains se prirent à croire à l'existence 65 de cette Montagne de Sucrecandi et les cochons eurent beaucoup de mal à les en dissuader.

Ceux-ci avaient pour plus fidèles disciples les deux chevaux de trait, Malabar et Douce. Tous deux éprouvaient grande difficulté à se faire une opinion par eux-mêmes, mais, une fois les cochons 70 devenus leurs maîtres à penser, ils assimilèrent tout l'enseignement, et le transmirent aux autres animaux avec des arguments d'une honnête simplicité. Ils ne manquaient pas une seule des réunions clandestines de la grange, et là entraînaient les autres à chanter *Bêtes d'Angleterre*. Sur cet hymne les réunions prenaient toujours fin.

75 Or il advint que le soulèvement s'accomplit bien plus tôt et bien plus facilement que personne ne s'y attendait. Au long des années, Mr. Jones, quoique dur avec les animaux, s'était montré à la hauteur de sa tâche, mais depuis quelque temps il était entré dans une période funeste. Il avait perdu cœur à l'ouvrage après 80 un procès où il avait laissé des plumes[2], et s'était mis à boire plus

---

**1. Colifichets**: parures sans valeur.
**2. Laissé des plumes**: perdu de l'argent (figuré).

que de raison. Il passait des journées entières dans le fauteuil de la cuisine à lire le journal, un verre de bière à portée de la main dans lequel de temps à autre il trempait pour Moïse des miettes de pain d'oiseau. Ses ouvriers agricoles étaient des filous et des fainéants, les
85 champs étaient envahis par les mauvaises herbes, les haies restaient à l'abandon, les toits des bâtiments menaçaient ruine, les animaux eux-mêmes n'avaient plus leur suffisance de nourriture.

Vint le mois de juin, et bientôt la fenaison[1]. La veille de la Saint-Jean[2], qui tombait un samedi, Mr. Jones se rendit à Willingdon. Là,
90 il se saoula si bien à la taverne du Lion-Rouge qu'il ne rentra chez lui que le lendemain dimanche, en fin de matinée. Ses ouvriers avaient trait les vaches de bonne heure, puis s'en étaient allés tirer[3] les lapins, sans souci de donner aux animaux leur nourriture. À son retour, Mr. Jones s'affala sur le canapé de la salle à manger et
95 s'endormit, un hebdomadaire à sensation[4] sur le visage, et quand vint le soir les bêtes n'avaient toujours rien eu à manger. À la fin, elles ne purent y tenir plus longtemps. Alors l'une des vaches enfonça ses cornes dans la porte de la resserre[5] et bientôt toutes les bêtes se mirent à fourrager dans les huches[6] et les boîtes à ordures. À ce
100 moment, Jones se réveilla. L'instant d'après, il se précipita dans la remise avec ses quatre ouvriers, chacun le fouet à la main. Et tout de suite une volée de coups s'abattit de tous côtés. C'était plus que n'en pouvaient souffrir des affamés. D'un commun accord et sans s'être concertés, les meurt-la-faim se jetèrent sur leurs bourreaux.
105 Et voici les cinq hommes en butte[7] aux ruades et coups de corne, changés en souffre-douleur. Une situation inextricable. Car de leur vie leurs maîtres n'avaient vu les animaux se conduire pareillement.

---

1. **Fenaison** : récolte des foins.
2. **Saint-Jean** : fête chrétienne ayant lieu le 24 juin.
3. **Tirer** : chasser.
4. **Un hebdomadaire à sensation** : un journal à scandale, colportant des rumeurs.
5. **Resserre** : réserve.
6. **Fourrager dans les huches** : fouiller dans les coffres à provisions.
7. **En butte** : confrontés.

Ceux qui avaient coutume de les maltraiter, de les rosser[1] à qui mieux mieux, voilà qu'ils avaient peur. Devant le soulèvement,
110 les hommes perdirent la tête, et bientôt, renonçant au combat, prirent leurs jambes à leur cou. En pleine déroute, ils filèrent par le chemin de terre qui mène à la route, les animaux triomphants à leurs trousses.

De la fenêtre de la chambre, Mrs. Jones, voyant ce qu'il en était,
115 jeta précipitamment quelques affaires dans un sac et se faufila hors de la ferme, ni vu ni connu. Moïse bondit de son perchoir, battit des ailes et la suivit en croassant à plein gosier. Entre-temps, toujours pourchassant les cinq hommes, et les voyant fuir sur la route, les animaux avaient claqué derrière eux la clôture aux cinq barreaux.
120 Ainsi, et presque avant qu'ils s'en soient rendu compte, le soulève-ment s'était accompli : Jones expulsé, la Ferme du Manoir était à eux.

Quelques minutes durant, ils eurent peine à croire à leur bonne fortune. Leur première réaction fut de se lancer au galop tout autour de la propriété, comme pour s'assurer qu'aucun humain
125 ne s'y cachait plus. Ensuite, le cortège repartit grand train vers les dépendances de la ferme pour effacer les derniers vestiges d'un régime haï. Les animaux enfoncèrent la porte de la sellerie[2] qui se trouvait à l'extrémité des écuries, puis précipitèrent dans le puits mors, nasières[3] et laisses, et ces couteaux meurtriers dont Jones
130 et ses acolytes[4] s'étaient servis pour châtrer[5] cochons et agnelets. Rênes, licous[6], œillères, muselières humiliantes furent jetés au tas d'ordures qui brûlaient dans la cour. Ainsi des fouets, et, voyant les fouets flamber, les animaux, joyeusement, se prirent à gambader. Boule de Neige livra aussi aux flammes ces rubans dont on pare la
135 crinière et la queue des chevaux les jours de marché.

---

**1. Rosser** : battre.
**2. Sellerie** : pièce où l'on range les selles et les harnais.
**3. Nasières** : pinces permettant de guider les bœufs par les naseaux.
**4. Acolytes** : complices.
**5. Châtrer** : castrer.
**6. Licous** : liens que l'on met au cou des bêtes de somme pour les attacher.

«Les rubans, déclara-t-il, sont assimilés aux habits. Et ceux-ci montrent la marque de l'homme. Tous les animaux doivent aller nus.»

Entendant ces paroles, Malabar s'en fut chercher le petit galurin[1] de paille qu'il portait l'été pour se protéger des mouches, et
140 le flanqua au feu, avec le reste.

Bientôt les animaux eurent détruit tout ce qui pouvait leur rappeler Mr. Jones. Alors Napoléon les ramena à la resserre, et il distribua à chacun double picotin[2] de blé, plus deux biscuits par chien. Et ensuite les animaux chantèrent *Bêtes d'Angleterre*, du commencement
145 à la fin, sept fois de suite. Après quoi, s'étant bien installés pour la nuit, ils dormirent comme jamais encore.

Mais ils se réveillèrent à l'aube, comme d'habitude. Et, se ressouvenant soudain de leur gloire nouvelle, c'est au galop que tous coururent aux pâturages. Puis ils filèrent vers le monticule d'où
150 l'on a vue sur presque toute la ferme. Une fois au sommet, ils découvrirent leur domaine dans la claire lumière du matin. Oui, il était bien à eux désormais – tout ce qu'ils avaient sous les yeux leur appartenait. À cette pensée, ils exultaient, ils bondissaient et caracolaient[3], ils se roulaient dans la rosée et broutaient l'herbe
155 douce de l'été. Et, à coups de sabot, ils arrachaient des mottes de terre, pour mieux renifler l'humus[4] bien odorant. Puis ils firent l'inspection de la ferme et, muets d'admiration, embrassèrent tout du regard : les labours[5], les foins, le verger, l'étang, le boqueteau[6]. C'était comme si, de tout le domaine, ils n'avaient rien vu encore,
160 et même alors ils pouvaient à peine croire que tout cela était leur propriété.

Alors ils regagnèrent en file indienne les bâtiments de la ferme, et devant le seuil de la maison firent halte en silence. Oh, certes, elle

---

1. **Galurin** : chapeau.
2. **Picotin** : ration.
3. **Caracolaient** : faisaient des cabrioles.
4. **Humus** : terreau.
5. **Labours** : champs labourés.
6. **Boqueteau** : groupe d'arbres, petit bois.

aussi leur appartenait, mais, intimidés, ils avaient peur d'y pénétrer.
165 Un instant plus tard, cependant, Napoléon et Boule de Neige forcèrent la porte de l'épaule, et les animaux les suivirent, un par un,
à pas précautionneux, par peur de déranger. Et maintenant ils vont
de pièce en pièce sur la pointe des pieds, c'est à peine s'ils osent
chuchoter, et ils sont pris de stupeur devant un luxe incroyable : lits
170 matelassés de plume, miroirs, divan en crin de cheval, moquette de
Bruxelles, estampe de la reine Victoria[1] au-dessus de la cheminée.

Quand ils redescendirent l'escalier, Lubie n'était plus là. Reve-
nant sur leurs pas, les autres s'aperçurent qu'elle était restée dans
la grande chambre à coucher. Elle s'était emparée d'un morceau
175 de ruban bleu sur la coiffeuse de Mr. Jones et s'admirait dans la
glace en le tenant contre son épaule, et tout le temps avec des poses
ridicules. Les autres la rabrouèrent vertement[2] et se retirèrent. Ils
décrochèrent des jambons qui pendaient dans la cuisine afin de
les enterrer, et d'un bon coup de sabot Malabar creva le baril de
180 bière de l'office[3]. Autrement, tout fut laissé indemne. Une motion
fut même votée à l'unanimité, selon laquelle l'habitation serait
transformée en musée. Les animaux tombèrent d'accord que jamais
aucun d'eux ne s'y installerait.

Ils prirent le petit déjeuner, puis Boule de Neige et Napoléon
185 les réunirent en séance plénière[4].

« Camarades, dit Boule de Neige, il est six heures et demie, et
nous avons une longue journée devant nous. Nous allons faire les
foins sans plus attendre, mais il y a une question dont nous avons
à décider tout d'abord. »

190 Les cochons révélèrent qu'ils avaient appris à lire et à écrire, au
cours des trois derniers mois, dans un vieil abécédaire[5] des enfants
Jones (ceux-ci l'avaient jeté sur un tas d'ordures, et c'est là que les

---

1. **Estampe** : gravure ; **Victoria** (1819-1901) : reine du Royaume-Uni de 1837 à 1901.
2. **La rabrouèrent vertement** : la grondèrent sévèrement.
3. **Office** : pièce attenante à la cuisine où l'on range les provisions.
4. **Séance plénière** : réunion où siègent tous les membres d'une assemblée.
5. **Abécédaire** : livre illustré permettant d'apprendre l'alphabet.

cochons l'avaient récupéré). Ensuite, Napoléon demanda qu'on
lui amène des pots de peinture blanche et noire, et il entraîna les
195 animaux jusqu'à la clôture aux cinq barreaux. Là, Boule de Neige
(car c'était lui le plus doué pour écrire) fixa un pinceau à sa patte et
passa sur le barreau supérieur une couche de peinture qui recouvrit
les mots : *Ferme du Manoir.* Puis à la place il calligraphia : *Ferme des
Animaux.* Car dorénavant tel serait le nom de l'exploitation agricole.
200 Cette opération terminée, tout le monde regagna les dépendances[1].
Napoléon et Boule de Neige firent alors venir une échelle qu'on
dressa contre le mur de la grange. Ils expliquèrent qu'au terme de
leurs trois mois d'études les cochons étaient parvenus à réduire les
principes de l'Animalisme à Sept Commandements. Le moment
205 était venu d'inscrire les Sept Commandements sur le mur. Ils consti-
tueraient la loi imprescriptible[2] de la vie de tous sur le territoire
de la Ferme des Animaux. Non sans quelque mal (vu que, pour un
cochon, se tenir en équilibre sur une échelle n'est pas commode),
Boule de Neige escalada les barreaux et se mit au travail ; Brille-
210 Babil, quelques degrés plus bas, lui tendait le pot de peinture. Et
c'est de la sorte que furent promulgués les Sept Commandements,
en gros caractères blancs, sur le mur goudronné. On pouvait les
lire à trente mètres de là. Voici leur énoncé :

1. *Tout deuxpattes est un ennemi.*
215 2. *Tout quatrepattes ou tout volatile, un ami.*
3. *Nul animal ne portera de vêtements.*
4. *Nul animal ne dormira dans un lit.*
5. *Nul animal ne boira d'alcool.*
6. *Nul animal ne tuera un autre animal.*
220 7. *Tous les animaux sont égaux.*

---

1. **Dépendances** : bâtiments secondaires d'une grande maison.
2. **Imprescriptible** : fondamentale, incontournable.

C'était tout à fait bien calligraphié, si ce n'est que volatile était devenu vole-t-il, et aussi à un *s* près, formé à l'envers. Boule de Neige donna lecture des Sept Commandements, à l'usage des animaux qui n'avaient pas appris à lire. Et tous donnèrent leur assentiment[1] d'un
225 signe de tête, et les esprits les plus éveillés commencèrent aussitôt à apprendre les Sept Commandements par cœur.

« Et maintenant, camarades, aux foins ! s'écria Boule de Neige. Il y va de notre honneur d'engranger[2] la récolte plus vite que ne le feraient Jones et ses acolytes. »

230 Mais à cet instant les trois vaches, qui avaient paru mal à l'aise depuis un certain temps, gémirent de façon lamentable. Il y avait vingt-quatre heures qu'elles n'avaient pas été traites, leurs pis étaient sur le point d'éclater. Après brève réflexion, les cochons firent venir des seaux et se mirent à la besogne. Ils s'en tirèrent assez bien, car
235 les pieds des cochons convenaient à cette tâche. Bientôt furent remplis cinq seaux de lait crémeux et mousseux que maints animaux lorgnaient avec l'intérêt le plus vif. L'un d'eux dit :

« Qu'est-ce qu'on va faire avec tout ce lait ?

Et l'une des poules :

240 – Quelquefois, Jones en ajoutait à la pâtée.

Napoléon se planta devant les seaux et s'écria :

– Ne vous en faites pas pour le lait, camarades ! On va s'en occuper. La récolte, c'est ce qui compte. Boule de Neige va vous montrer le chemin. Moi, je serai sur place dans quelques minutes. En avant,
245 camarades ! Le foin vous attend. »

Aussi les animaux gagnèrent les champs et ils commencèrent la fenaison, mais quand au soir ils s'en retournèrent ils s'aperçurent que le lait n'était plus là.

---

1. **Assentiment** : accord, approbation.
2. **Engranger** : mettre en grange, entreposer.

Comme ils trimèrent et prirent de la peine pour rentrer le foin! Mais leurs efforts furent récompensés car la récolte fut plus abondante encore qu'ils ne l'auraient cru.

À certains moments la besogne était tout à fait pénible. Les
5  instruments agraires avaient été inventés pour les hommes et non pour les animaux, et ceux-ci en subissaient les conséquences. Ainsi, aucun animal ne pouvait se servir du moindre outil qui l'obligeât à se tenir debout sur ses pattes de derrière. Néanmoins, les cochons étaient si malins qu'ils trouvèrent le moyen de tourner chaque
10  difficulté. Quant aux chevaux, ils connaissaient chaque pouce[1] du terrain, et s'y entendaient à faucher et à râteler mieux que Jones et ses gens leur vie durant. Les cochons, à vrai dire, ne travaillaient pas: ils distribuaient le travail et veillaient à sa bonne exécution. Avec leurs connaissances supérieures, il était naturel qu'ils prennent le
15  commandement. Malabar et Douce s'attelaient tout seuls au râteau ou à la faucheuse (ni mors ni rênes n'étant plus nécessaires, bien entendu), et ils arpentaient le champ en long et en large, un cochon à leurs trousses. Celui-ci s'écriait: «Hue dia, camarade!» ou «Holà, ho, camarade!», suivant le cas. Et chaque animal jusqu'au plus
20  modeste besognait à faner[2] et ramasser le foin. Même les canards et les poules sans relâche allaient et venaient sous le soleil, portant dans leurs becs des filaments minuscules. Et ainsi la fenaison fut

---

**1. Chaque pouce**: chaque centimètre (le pouce est une unité de mesure anglo-saxonne équivalant à environ 2,5 centimètres).
**2. Faner**: retourner le foin coupé afin de le faire sécher.

achevée deux jours plus tôt qu'aux temps de Jones. Qui plus est, ce fut la plus belle récolte de foin que la ferme ait jamais connue.

25 Et nul gaspillage, car poules et canards, animaux à l'œil prompt, avaient glané[1] jusqu'au plus petit brin. Et pas un animal n'avait dérobé ne fût-ce qu'une bouchée.

Tout l'été le travail progressa avec une régularité d'horloge. Les animaux étaient heureux d'un bonheur qui passait leurs espé-

30 rances. Tout aliment leur était plus délectable d'être le fruit de leur effort. Car désormais c'était là leur propre manger, produit par eux et pour eux, et non plus l'aumône, accordée à contrecœur, d'un maître parcimonieux[2]. Une fois délivrés de l'engeance[3] humaine – des bons à rien, des parasites –, chacun d'eux reçut en partage

35 une ration plus copieuse. Et, quoique encore peu expérimentés, ils eurent aussi des loisirs accrus. Oh, il leur fallut faire face à bien des difficultés. C'est ainsi que, plus tard dans l'année et le temps venu de la moisson, ils durent dépiquer[4] le blé à la mode d'autrefois et, faute d'une batteuse à la ferme, chasser la glume[5] en soufflant des-

40 sus. Mais l'esprit de ressource des cochons ainsi que la prodigieuse musculature de Malabar les tiraient toujours d'embarras. Malabar faisait l'admiration de tous. Déjà connu à l'époque de Jones pour son cœur à l'ouvrage, pour lors il besognait comme trois. Même, certains jours, tout le travail de la ferme semblait reposer sur sa

45 puissante encolure. Du matin à la tombée de la nuit, il poussait, il tirait, et était toujours présent au plus dur du travail. Il avait passé accord avec l'un des jeunes coqs pour qu'on le réveille une demi-heure avant tous les autres, et, devançant l'horaire et le plan de la journée, de son propre chef il se portait volontaire aux tâches

50 d'urgence. À tout problème et à tout revers, il opposait sa conviction : «Je vais travailler plus dur.» Ce fut là sa devise.

---

1. **Glané** : ramassé.
2. **Parcimonieux** : avare.
3. **Engeance** : race (péjoratif). Le mot désigne à l'origine les espèces animales.
4. **Dépiquer** : détacher les grains de la tige.
5. **Glume** : enveloppe du grain de blé.

Toutefois, chacun œuvrait suivant ses capacités. Ainsi, les poules et les canards récupérèrent dix boisseaux[1] de blé en recueillant les grains disséminés çà et là. Et personne qui chapardât[2], ou qui se
55 plaignît des rations : les prises de bec, bisbilles, humeurs ombrageuses[3], jadis monnaie courante, n'étaient plus de mise. Personne ne tirait au flanc – enfin, presque personne. Lubie, avouons-le, n'était pas bien matineuse, et se montrait encline[4] à quitter le travail de bonne heure, sous prétexte qu'un caillou lui agaçait le sabot. La
60 conduite de la chatte était un peu singulière aussi. On ne tarda pas à s'apercevoir qu'elle était introuvable quand l'ouvrage requérait[5] sa présence. Elle disparaissait des heures d'affilée pour reparaître aux repas, ou le soir après le travail fait, comme si de rien n'était. Mais elle se trouvait des excuses si excellentes, et ronronnait de
65 façon si affectueuse, que ses bonnes intentions n'étaient pas mises en doute. Quant à Benjamin, le vieil âne, depuis la révolution il était demeuré le même. Il s'acquittait de sa besogne de la même manière lente et têtue, sans jamais renâcler[6], mais sans zèle inutile non plus. Sur le soulèvement même et ses conséquences, il se gardait
70 de toute opinion. Quand on lui demandait s'il ne trouvait pas son sort meilleur depuis l'éviction[7] de Jones, il s'en tenait à dire : « Les ânes ont la vie dure. Aucun de vous n'a jamais vu mourir un âne », et de cette réponse sibylline[8] on devait se satisfaire.

Le dimanche, jour férié, on prenait le petit déjeuner une heure
75 plus tard que d'habitude. Puis c'était une cérémonie renouvelée sans faute chaque semaine. D'abord on hissait les couleurs. Boule de Neige s'était procuré à la sellerie un vieux tapis de table de couleur verte, qui avait appartenu à Mrs. Jones, et sur lequel il avait peint en

---

1. **Boisseaux** : ancienne unité de mesure (1 boisseau équivaut à environ 10 litres).
2. **Chapardât** : volât.
3. **Bisbilles** : querelles futiles ; **ombrageuses** : susceptibles.
4. **Matineuse** : matinale ; **encline** : disposée.
5. **Requérait** : nécessitait.
6. **Renâcler** : rechigner.
7. **Éviction** : expulsion.
8. **Sibylline** : énigmatique.

blanc une corne et un sabot. Ainsi donc, dans le jardin de la ferme,
80  tous les dimanches matin le pavillon était hissé au mât. Le vert du
drapeau, expliquait Boule de Neige, représente les verts pâturages
d'Angleterre ; la corne et le sabot, la future République, laquelle
serait proclamée au renversement définitif de la race humaine. Après
le salut au drapeau, les animaux gagnaient ensemble la grange. Là
85  se tenait une assemblée qui était l'assemblée générale, mais qu'on
appelait l'Assemblée. On y établissait le plan de travail de la semaine
et on y débattait et adoptait différentes résolutions. Celles-ci, les
cochons les proposaient toujours. Car si les autres animaux savaient
comment on vote, aucune proposition nouvelle ne leur venait à
90  l'esprit. Ainsi, le plus clair des débats était l'affaire de Boule de
Neige et Napoléon. Il est toutefois à remarquer qu'ils n'étaient
jamais d'accord : quel que fut l'avis de l'un, on savait que l'autre y
ferait pièce[1]. Même une fois décidé – et personne ne pouvait s'élever contre la chose elle-même – d'aménager en maison de repos le
95  petit enclos attenant au verger, un débat orageux s'ensuivit : quel
est, pour chaque catégorie d'animaux, l'âge légitime de la retraite ?
L'assemblée prenait toujours fin aux accents de *Bêtes d'Angleterre*,
et l'après-midi était consacré aux loisirs.

Les cochons avaient fait de la sellerie leur quartier général. Là,
100  le soir, ils étudiaient les arts et métiers : les techniques du maréchal-
ferrant, ou celles du menuisier, par exemple – à l'aide de livres
ramenés de la ferme. Boule de Neige se préoccupait aussi de répartir
les animaux en Commissions[2], et sur ce terrain il était infatigable.
Il constitua pour les poules la Commission des pontes, pour les
105  vaches la Ligue des queues de vaches propres, pour les réfractaires
la Commission de rééducation des camarades vivant en liberté dans
la nature (avec pour but d'apprivoiser les rats et les lapins), et
pour les moutons le Mouvement de la laine immaculée, et encore

---

1. **Y ferait pièce** : s'y opposerait, le contrerait.
2. **Commissions** : réunions de personnes chargées de gérer, de contrôler un travail,
un projet.

d'autres instruments de prophylaxie[1] sociale – outre les classes de
110  lecture et d'écriture.

Dans l'ensemble, ces projets connurent l'échec. C'est ainsi que
la tentative d'apprivoiser les animaux sauvages avorta presque tout
de suite. Car ils ne changèrent pas de conduite, et ils mirent à profit
toute velléité généreuse[2] à leur égard. La chatte fit de bonne heure
115  partie de la Commission de rééducation, et pendant quelques jours
y montra de la résolution. Même, une fois, on la vit assise sur le toit,
parlementant avec des moineaux hors d'atteinte : tous les animaux
sont désormais camarades. Aussi tout moineau pouvait se percher sur
elle, même sur ses griffes. Mais les moineaux gardaient leurs distances.
120  Les cours de lecture et d'écriture, toutefois, eurent un vif succès.
À l'automne, il n'y avait plus d'illettrés, autant dire.

Les cochons, eux, savaient déjà lire et écrire à la perfection.
Les chiens apprirent à lire à peu près couramment, mais ils ne
s'intéressaient qu'aux Sept Commandements. Edmée, la chèvre,
125  s'en tirait mieux qu'eux. Le soir, il lui arrivait de faire aux autres la
lecture de fragments de journaux découverts aux ordures. Benjamin, l'âne, pouvait lire aussi bien que n'importe quel cochon, mais
jamais il n'exerçait ses dons. « Que je sache, disait-il, il n'y a rien
qui vaille la peine d'être lu. » Douce apprit toutes ses lettres, mais
130  la science des mots lui échappait. Malabar n'allait pas au-delà de la
lettre D. De son grand sabot, il traçait dans la poussière les lettres
A B C D, puis il les fixait des yeux, et, les oreilles rabattues et de
temps à autre repoussant la mèche qui lui barrait le front, il faisait
grand effort pour se rappeler quelles lettres venaient après, mais
135  sans jamais y parvenir. Bel et bien, à différentes reprises, il retint E
F G H, mais du moment qu'il savait ces lettres-là, il avait oublié les
précédentes. À la fin, il décida d'en rester aux quatre premières
lettres, et il les écrivait une ou deux fois dans la journée pour se

---

**1. Prophylaxie** : protection.
**2. Mirent à profit toute velléité généreuse** : profitèrent de toute intention
généreuse.

rafraîchir la mémoire. Lubie refusa d'apprendre l'alphabet, hormis
140   les cinq lettres de son nom. Elle les traçait fort adroitement, avec
des brindilles, puis les agrémentait d'une fleur ou deux et, avec
admiration, en faisait le tour.

Aucun des autres animaux de la ferme ne put aller au-delà de la
lettre A. On s'aperçut aussi que les plus bornés, tels que moutons,
145   poules et canards, étaient incapables d'apprendre par cœur les Sept
Commandements. Après mûre réflexion, Boule de Neige signifia
que les Sept Commandements pouvaient, après tout, se ramener
à une maxime[1] unique, à savoir : *Quatrepattes, oui ! Deuxpattes, non !*
En cela, dit-il, réside le principe fondamental de l'Animalisme.
150   Quiconque en aurait tout à fait saisi la signification serait à l'abri
des influences humaines. Tout d'abord les oiseaux se rebiffèrent[2],
se disant qu'eux aussi sont des deuxpattes, mais Boule de Neige
leur prouva leur erreur, disant :

« Les ailes de l'oiseau, camarades, étant des organes de pro-
155   pulsion, non de manipulation, doivent être regardées comme des
pattes. Ça va de soi. Et c'est la main qui fait la marque distinctive
de l'homme : la main qui manipule, la main de malignité. »

Les oiseaux restèrent cois devant les mots compliqués de Boule
de Neige, mais ils approuvèrent sa conclusion, et tous les moindres
160   animaux de la ferme se mirent à apprendre par cœur la nouvelle
maxime : *Quatrepattes, oui ! Deuxpattes, non !*, que l'on inscrivit sur
le mur du fond de la grange, au-dessus des Sept Commandements
et en plus gros caractères. Une fois qu'ils la surent sans se tromper,
les moutons s'en éprirent, et c'est souvent que, couchés dans les
165   champs, ils bêlaient en chœur : *Quatrepattes, oui ! Deuxpattes, non !*
Et ainsi des heures durant, sans se lasser jamais.

Napoléon ne portait aucun intérêt aux Commissions de Boule
de Neige. Selon lui, l'éducation des jeunes était plus importante que
tout ce qu'on pouvait faire pour les animaux déjà d'âge mûr. Or, sur

---

**1. Maxime** : formule exprimant une règle, une vérité générale.
**2. Se rebiffèrent** : se rebellèrent.

170 ces entrefaites[1], les deux chiennes, Constance et Fleur, mirent bas, peu après la fenaison, donnant naissance à neuf chiots vigoureux. Dès après le sevrage, Napoléon enleva les chiots à leurs mères, disant qu'il pourvoirait personnellement à[2] leur éducation. Il les remisa[3] dans un grenier où l'on n'accédait que par une échelle

175 de la sellerie, et les y séquestra si bien que bientôt tous les autres animaux oublièrent jusqu'à leur existence.

Le mystère de la disparition du lait fut bientôt élucidé. C'est que chaque jour le lait était mélangé à la pâtée des cochons. C'était le temps où les premières pommes commençaient à mûrir, et bientôt

180 elles jonchaient l'herbe du verger. Les animaux s'attendaient au partage équitable qui leur semblait aller de soi. Un jour, néanmoins, ordre fut donné de ramasser les pommes pour les apporter à la sellerie, au bénéfice des porcs. On entendit bien murmurer certains animaux, mais ce fut en vain. Tous les cochons étaient, sur ce point,

185 entièrement d'accord, y compris Napoléon et Boule de Neige. Et Brille-Babil fut chargé des explications nécessaires :

« Vous n'allez tout de même pas croire, camarades, que nous, les cochons, agissons par égoïsme, que nous nous attribuons des privilèges. En fait, beaucoup d'entre nous détestent le lait et les pommes.

190 C'est mon propre cas. Si nous nous les approprions, c'est dans le souci de notre santé. Le lait et les pommes (ainsi, camarades, que la science le démontre) renferment des substances indispensables au régime alimentaire du cochon. Nous sommes, nous autres, des travailleurs intellectuels. La direction et l'organisation de cette ferme

195 reposent entièrement sur nous. De jour et de nuit nous veillons à votre bien. Et c'est pour votre bien que nous buvons ce lait et mangeons ces pommes. Savez-vous ce qu'il adviendrait si nous, les cochons, devions faillir à notre devoir ? Jones reviendrait ! Oui, Jones ! Assurément, camarades – s'exclama Brille-Babil, sur un ton

200 presque suppliant, et il se balançait de côté et d'autre, fouettant

---

1. **Sur ces entrefaites** : à ce moment-là.
2. **Pourvoirait personnellement à** : s'occuperait en personne de.
3. **Remisa** : mit à l'abri.

l'air de sa queue –, assurément il n'y en a pas un seul parmi vous qui désire le retour de Jones ? »

S'il était en effet quelque chose dont tous les animaux ne voulaient à aucun prix, c'était bien le retour de Jones. Quand on leur présentait les choses sous ce jour, ils n'avaient rien à redire. L'importance de maintenir les cochons en bonne forme s'imposait donc à l'évidence. Aussi fut-il admis sans plus de discussion que le lait et les pommes tombées dans l'herbe (ainsi que celles, la plus grande partie, à mûrir encore) seraient prérogative[1] des cochons.

---

1. **Prérogative** : avantage, privilège.

À la fin de l'été, la nouvelle des événements avait gagné la moitié du pays. Chaque jour, Napoléon et Boule de Neige dépêchaient[1] des volées de pigeons voyageurs avec pour mission de se mêler aux autres animaux des fermes voisines. Ils leur faisaient le récit du
5  soulèvement, leur apprenaient l'air de *Bêtes d'Angleterre*.

Pendant la plus grande partie de ce temps, Mr. Jones se tenait à Willingdon, assis à la buvette du Lion-Rouge, se plaignant à qui voulait l'entendre de la monstrueuse injustice dont il avait été victime quand l'avaient exproprié une bande d'animaux, de vrais propres
10  à rien. Les autres fermiers, compatissants en principe, lui furent tout d'abord de médiocre secours. Au fond d'eux-mêmes, ils se demandaient s'ils ne pourraient pas tirer profit de la mésaventure de Jones. Par chance, les propriétaires des deux fermes attenantes à la sienne étaient en mauvais termes et toujours à se chamailler.
15  L'une d'elles, Foxwood, était une vaste exploitation mal tenue et vieux jeu : pâturages chétifs, haies à l'abandon, halliers[2] envahissants. Quant au propriétaire : un Mr. Pilkington, *gentleman farmer*[3] qui donnait la plus grande partie de son temps à la chasse ou à la pêche, suivant la saison. L'autre ferme, Pinchfield, plus petite mais
20  mieux entretenue, appartenait à un Mr. Frederick, homme décidé

---

**1. Dépêchaient** : envoyaient.
**2. Halliers** : fourrés.
**3. *Gentleman farmer*** : gentilhomme fermier, c'est-à-dire homme de haute condition sociale qui exploite une ferme par plaisir, et non pour en vivre.

et retors[1], toujours en procès, et connu pour sa dureté en affaires. Les deux propriétaires se détestaient au point qu'il leur était malaisé de s'entendre, fût-ce dans leur intérêt commun.

Ils n'en étaient pas moins épouvantés l'un comme l'autre par
25 le soulèvement des animaux, et très soucieux d'empêcher leurs propres animaux d'en apprendre trop à ce sujet. Tout d'abord, ils affectèrent de rire à l'idée de fermes gérées par les animaux eux-mêmes. Quelque chose d'aussi extravagant on en verra la fin en une quinzaine, disaient-ils. Ils firent courir le bruit qu'à la Ferme du
30 Manoir (que pour rien au monde ils n'auraient appelée la Ferme des Animaux) les bêtes ne cessaient de s'entrebattre, et bientôt seraient acculées à la famine. Mais du temps passa : et les animaux, à l'évidence, ne mouraient pas de faim. Alors Frederick et Pilkington durent changer de refrain : cette exploitation n'était que scandales
35 et atrocités. Les animaux se livraient au cannibalisme, se torturaient entre eux avec des fers à cheval chauffés à blanc, et ils avaient mis en commun les femelles. Voilà où cela mène, disaient Frederick et Pilkington, de se révolter contre les lois de la nature.

Malgré tout, on n'ajouta jamais vraiment foi à ces récits. Une
40 rumeur gagnait même, vague, floue et captieuse[2], d'une ferme magnifique, dont les humains avaient été éjectés et où les animaux se gouvernaient eux-mêmes ; et, au fil des mois, une vague d'insubordination[3] déferla dans les campagnes. Des taureaux jusque-là dociles étaient pris de fureur noire. Les moutons abattaient les haies pour
45 mieux dévorer le trèfle. Les vaches ruaient, renversant les seaux. Les chevaux se dérobaient devant l'obstacle, culbutant les cavaliers. Mais surtout, l'air et jusqu'aux paroles de *Bêtes d'Angleterre* gagnaient partout du terrain. L'hymne révolutionnaire s'était répandu avec une rapidité stupéfiante. L'entendant, les humains ne dominaient
50 plus leur fureur, tout en prétendant qu'ils le trouvaient ridicule, sans plus. Il leur échappait, disaient-ils, que même des animaux

1. **Retors** : rusé.
2. **Captieuse** : qui cherche à tromper, à induire en erreur.
3. **Insubordination** : insoumission.

puissent s'abaisser à d'aussi viles bêtises. Tout animal surpris à chanter *Bêtes d'Angleterre* se voyait sur-le-champ donner la bastonnade[1].
Et pourtant l'hymne gagnait toujours du terrain, irrésistible : les
55 merles le sifflaient dans les haies, les pigeons le roucoulaient dans les ormes[2], il se mêlait au tapage du maréchal-ferrant comme à la mélodie des cloches. Et les humains à son écoute, en leur for intérieur, tremblaient comme à l'annonce d'une prophétie funeste.

Au début d'octobre, une fois le blé coupé, mis en meules et en
60 partie battu[3], un vol de pigeons vint tourbillonner dans les airs, puis, dans la plus grande agitation, se posa dans la cour de la Ferme des Animaux. Jones et tous ses ouvriers, accompagnés d'une demi-douzaine d'hommes de main de Foxwood et de Pinchfield, avaient franchi la clôture aux cinq barreaux et gagnaient la maison par le
65 chemin de terre. Tous étaient armés de gourdins, sauf Jones, qui allait en tête, fusil en main. Sans nul doute, ils entendaient reprendre possession des lieux.

À cela, on s'était attendu de longue date, et toutes précautions étaient prises. Boule de Neige avait étudié les campagnes de Jules
70 César dans un vieux bouquin découvert dans le corps de logis, et il dirigeait les opérations défensives. Promptement, il donna ses ordres, et en peu de temps chacun fut à son poste.

Comme les humains vont atteindre les dépendances, Boule de Neige lance sa première attaque. Les pigeons, au nombre de
75 trente-cinq, survolent le bataillon ennemi à modeste altitude, et lâchent leurs fientes sur le crâne des assaillants. L'ennemi, surpris, doit bientôt faire face aux oies à l'embuscade derrière la haie, qui débouchent et chargent. Du bec, elles s'en prennent aux mollets. Encore ne sont-ce là qu'escarmouches[4] et menues[5] diversions ;
80 bientôt, d'ailleurs, les humains repoussent les oies à grands coups

---

1. **Bastonnade** : série de coups de bâton.
2. **Ormes** : variété d'arbres.
3. **Battu** : dont les grains ont été séparés des épis.
4. **Escarmouches** : attaques légères.
5. **Menues** : de peu d'importance.

de gourdins. Mais alors Boule de Neige lance sa seconde attaque. En personne, il conduit ses troupes à l'assaut, soit Edmée, la chèvre blanche, et tous les moutons. Et tous se ruent sur les hommes, donnant du boutoir [1] et de la corne, les harcelant de toutes parts.

85 Cependant, un rôle particulier est dévolu [2] à l'âne Benjamin, qui tourne sur lui-même et de ses petits sabots décoche [3] ruade après ruade. Mais, une nouvelle fois, les hommes prennent le dessus, grâce à leurs gourdins et à leurs chaussures ferrées. À ce moment, Boule de Neige pousse un cri aigu, signal de la retraite, et tous les

90 animaux de tourner casaque [4], de fuir par la grande porte et de gagner la cour. Les hommes poussent des clameurs de triomphe. Et, croyant l'ennemi en déroute, ils se précipitent çà et là à ses trousses.

C'est ce qu'avait escompté Boule de Neige. Dès que les hommes

95 se furent bien avancés dans la cour, à ce moment surgissent de l'arrière les trois chevaux, les trois vaches et le gros des cochons, jusque-là demeurés en embuscade dans l'étable. Les humains, pris à revers, voient leur retraite coupée. Boule de Neige donne le signal de la charge, lui-même fonçant droit sur Jones. Celui-ci, prévenant

100 l'attaque, lève son arme et tire. Les plombs se logent dans l'échine de Boule de Neige et l'ensanglantent, et un mouton est abattu, mort. Sans se relâcher, Boule de Neige se jette de tout son poids (cent vingt kilos) dans les jambes du propriétaire exproprié qui lâche son fusil et va bouler sur un tas de fumier. Mais le plus horrifiant,

105 c'est encore Malabar cabré sur ses pattes de derrière et frappant du fer de ses lourds sabots avec une vigueur d'étalon. Le premier coup, arrivé sur le crâne, expédie un palefrenier de Foxwood dans la boue, inerte. Voyant cela, plusieurs hommes lâchent leur gourdin et tentent de fuir. C'est la panique chez l'ennemi. Tous les animaux

110 le prennent en chasse, le traquent autour de la cour, l'assaillent du

---

1. **Boutoir**: groin.
2. **Dévolu**: attribué.
3. **Décoche**: lance.
4. **Tourner casaque**: changer d'attitude.

sabot et de la corne, culbutant, piétinant les hommes. Et pas un animal qui, à sa façon, ne tienne sa revanche, et même la chatte s'y met. Bondissant du toit tout à trac sur les épaules d'un vacher, elle lui enfonce les griffes dans le cou, ce qui lui arrache des hurle-
115 ments. Mais, à un moment, sachant la voie libre, les hommes filent hors de la cour, puis s'enfuient sur la route, trop heureux d'en être quittes à bon compte. Ainsi, à cinq minutes de l'invasion, et par le chemin même qu'ils avaient pris, ils battaient en retraite, ignomi-nieusement[1] – un troupeau d'oies à leurs chausses[2] leur mordant
120 les jarrets et sifflant des huées.

Plus d'hommes sur les lieux, sauf un, le palefrenier[3], gisant la face contre terre. Revenu dans la cour, Malabar effleurait le corps à petits coups de sabot, s'efforçant de le retourner sur le dos. Le garçon ne bougeait plus.

125 « Il est mort, dit Malabar, tout triste. Ce n'était pas mon inten-tion de le tuer. J'avais oublié les fers de mes sabots. Mais qui voudra croire que je ne l'ai pas fait exprès ?

– Pas de sentimentalité, camarade ! s'écria Boule de Neige dont les blessures saignaient toujours. La guerre, c'est la guerre. L'Homme
130 n'est à prendre en considération que changé en cadavre.

– Je ne veux assassiner personne, même pas un homme, répétait Malabar, en pleurs.

– Où est donc Edmée ? » s'écria quelqu'un.

De fait, Edmée était invisible. Les animaux étaient dans tous leurs
135 états. Avait-elle été molestée[4] plus ou moins grièvement, ou peut-être même les hommes l'avaient-ils emmenée prisonnière ? Mais à la fin on la retrouva dans son box. Elle s'y cachait, la tête enfouie dans le foin. Entendant une détonation, elle avait pris la fuite. Plus tard, quand les animaux revinrent dans la cour, ce fut pour s'apercevoir
140 que le garçon d'écurie, ayant repris connaissance, avait décampé.

---

1. **Ignominieusement** : de façon déshonorante, humiliante.
2. **À leurs chausses** : à leurs trousses.
3. **Palefrenier** : garçon d'écurie.
4. **Molestée** : brutalisée.

De nouveau rassemblés, les animaux étaient au comble de l'émotion, et à tue-tête chacun racontait ses prouesses au combat. À l'improviste et sur-le-champ, la victoire fut célébrée. On hissa les couleurs, on chanta *Bêtes d'Angleterre* plusieurs fois de suite, enfin
145 le mouton qui avait donné sa vie à la cause fut l'objet de funérailles solennelles. Sur sa tombe on planta une aubépine. Au bord de la fosse, Boule de Neige prononça une brève allocution[1] : les animaux, déclara-t-il, doivent se tenir prêts à mourir pour leur propre ferme.

À l'unanimité une décoration militaire fut créée, celle de Héros-
150 Animal, Première Classe, et elle fut conférée séance tenante à Boule de Neige et à Malabar. Il s'agissait d'une médaille en cuivre (en fait, on l'avait trouvée dans la sellerie, car autrefois elle avait servi de parure au collier des chevaux), à porter les dimanches et jours fériés. Une autre décoration, celle de Héros-Animal, Deuxième
155 Classe, fut, à titre posthume, décernée au mouton.

Longtemps on discuta du nom à donner au combat, pour enfin retenir celui de bataille de l'Étable, vu que de ce point l'attaque victorieuse avait débouché. On ramassa dans la boue le fusil de Mr. Jones. Or on savait qu'il y avait des cartouches à la ferme. Aussi
160 fut-il décidé de dresser le fusil au pied du mât, tout comme une pièce d'artillerie, et deux fois l'an de tirer une salve : le 12 octobre en souvenir de la bataille de l'Étable, et à la Saint-Jean d'été, jour commémoratif du Soulèvement.

---

1. **Allocution** : discours.

# Pour comprendre l'essentiel

### Une fable animalière

❶ Les animaux du récit d'Orwell sont personnifiés : ils ont un caractère et un comportement humains. Dressez un rapide portrait des personnages principaux et commentez leurs noms. Déterminez le rôle que jouent dans la ferme les cochons, les poules, les moutons et les chevaux.

❷ Orwell reprend dans son récit les principes traditionnels de la fable. En identifiant des décalages humoristiques entre l'identité des personnages et les situations dans lesquelles ils évoluent, expliquez en quoi ce type de récit peut amuser le lecteur.

### Une révolution menée par les animaux

❸ La révolte des animaux s'appuie sur une théorie élaborée par Sage l'Ancien. Relisez les chapitres 1 et 2 et reformulez-en les grands principes. Expliquez comment on passe d'un idéal à une doctrine d'un chapitre à l'autre.

❹ Le soulèvement des animaux s'effectue en plusieurs étapes, depuis le rêve de Sage l'Ancien jusqu'à la prise de pouvoir de la ferme. Distinguez ces étapes, et détaillez leurs conséquences pour les animaux.

❺ Des comportements suspects apparaissent peu de temps après le départ de Jones. En vous appuyant sur les chapitres 3 et 4, montrez qu'ils proviennent à la fois de l'intérieur et de l'extérieur de la ferme. Identifiez les pratiques ou les principes prônés par les cochons s'opposant à l'idéal des animaux.

## Une réflexion sur l'Homme

**6** À travers ses personnages humains, Orwell donne une vision pessimiste de l'Homme. Prouvez-le en caractérisant les fermiers du récit : Jones, Pilkington et Frederick.

**7** Les animaux représentent de façon allégorique tout peuple qui se soulève contre un oppresseur. Montrez que le récit propose une réflexion sur les inégalités et les privilèges.

**8** Outil nécessaire à l'esprit critique, l'instruction joue un rôle dans l'émancipation du peuple. Prouvez-le en commentant les efforts des animaux dans ce domaine au chapitre 3, et imaginez les problèmes que pourraient engendrer leurs inégalités face à l'apprentissage.

**9** **TICE** On peut interpréter la révolte des animaux comme une image de la révolution russe de 1917. Sur Internet, faites une recherche sur cette période. Devinez ensuite quels personnages historiques peuvent correspondre aux protagonistes du récit. Dans le discours de Sage l'Ancien (p. 11-16), relevez les expressions qui confirment cette interprétation.

> *Rappelez-vous !*
>
> • *La Ferme des animaux* est un **apologue**, un récit plaisant qui a une portée argumentative. Comme dans une fable, les animaux personnifiés amusent le lecteur, et leurs aventures correspondent à une réalité humaine que celui-ci doit décoder. Il est ainsi invité à mener une réflexion sur la société dans laquelle il vit.
>
> • Les animaux de la ferme cherchent à construire un monde meilleur : le rêve de Sage l'Ancien est une **utopie**. On peut reconnaître derrière cet idéal les théories socialistes de Karl Marx, qui ont conduit à la révolution soviétique en Russie. On peut ainsi lire la révolte des animaux comme une représentation allégorique de l'histoire de l'URSS.

# Vers l'oral du Bac

Analyse des lignes 72 à 107, p. 11-12

## ☞ Analyser l'argumentation de Sage l'Ancien

## *Conseils pour la lecture à voix haute*

– Adoptez un ton lent et posé pour lire le premier paragraphe du discours de Sage l'Ancien, afin de souligner son âge avancé, mais aussi sa sagesse.
– Mettez en évidence la virulence de la dénonciation des deux derniers paragraphes de l'extrait en haussant le ton, en accélérant le rythme de lecture, et en insistant sur les interrogations et les exclamations.

## *Analyse du texte*

### ▮ *Introduction rédigée*

*La Ferme des animaux* est un apologue publié par George Orwell, auteur britannique, en août 1945. Le récit met en scène des animaux personnifiés qui se révoltent contre le fermier qui les exploite, et qui parviennent à prendre le contrôle de leur ferme. L'extrait que nous étudions se situe au début du premier chapitre. Sage l'Ancien, un cochon âgé, a réuni les animaux afin de leur faire prendre conscience de la misère de leur existence, et de leur faire partager son rêve d'une vie meilleure. Nous analyserons l'argumentation dans le discours de Sage l'Ancien: sa sagesse et sa maîtrise de la rhétorique donnent du crédit au personnage, et lui permettent de dénoncer l'oppresseur, l'Homme, mais aussi d'appeler les animaux à la révolte.

■ *Analyse guidée*

## I. Le discours d'un sage

**a.** Sage l'Ancien est un vieux cochon. Relevez dans le texte les passages qui mettent en évidence son grand âge, et expliquez en quoi cela lui confère du crédit auprès des autres animaux.

**b.** Le discours de Sage l'Ancien obéit à une construction rigoureuse. Résumez le contenu des trois paragraphes de l'extrait et montrez que la progression du texte est logique et convaincante.

**c.** Sage l'Ancien adopte un ton didactique, montrant que son savoir peut guider les animaux. Prouvez-le en étudiant la valeur du présent dans les deux derniers paragraphes, les formules générales évoquant les animaux, l'expression de l'ordre.

## II. Une dénonciation catégorique

**a.** L'être humain, qui fait l'objet de la dénonciation, n'est clairement désigné qu'à la fin de l'extrait. Identifiez dans le deuxième paragraphe les tournures impersonnelles qui permettent de retarder sa désignation, et expliquez par quels procédés Sage l'Ancien met en valeur son accusation à la fin de l'extrait.

**b.** Sage l'Ancien dénonce les conditions de vie des animaux de la ferme. Identifiez les différents points de cette dénonciation, et cherchez les procédés qui la mettent en valeur (lexique, parallélismes, exclamations).

**c.** L'Homme est à l'origine de toute la misère animale. Expliquez le raisonnement qui conduit Sage l'Ancien à vouloir l'éliminer pour le bonheur des animaux.

## III. Un appel à la révolte

**a.** Le discours de Sage l'Ancien a pour but de mobiliser les animaux. Prouvez-le en étudiant dans le texte les apostrophes et l'emploi des pronoms.

**b.** Sage l'Ancien invite les animaux à se révolter. Identifiez et analysez dans le texte les phrases qui suggèrent qu'ils peuvent changer le cours des choses.

**c.** Sage l'Ancien esquisse un idéal de vie animale à la ferme. Repérez dans le texte le passage qui montre que le bonheur est possible. Analysez le lexique et le temps verbal associés à cette vision.

## ■ *Conclusion rédigée*

Sage l'Ancien fait valoir son expérience et sa maîtrise de l'art oratoire
pour amener les animaux à une prise de conscience et pour les convaincre
de se révolter. Son discours est un réquisitoire efficace contre
les humains : dès le chapitre 2, les animaux s'organisent pour prendre
le contrôle de la ferme. Le raisonnement du vénérable cochon sur
les privilèges de l'Homme, qui détient les moyens de production et jouit
du fruit des récoltes en exploitant le travail des animaux, n'est pas sans
rappeler les théories de Karl Marx, à l'origine de la révolution communiste
en Russie. Ainsi, la fable animalière d'Orwell a dès le premier chapitre
une dimension politique.

# Les trois questions de l'examinateur

**Question 1.** Vous venez de conclure sur un rapprochement entre
le discours de Sage l'Ancien et les théories marxistes à l'origine
de la révolution russe. Est-il possible de poursuivre ce rapprochement
dans la suite du récit ? Cette lecture allégorique de l'œuvre d'Orwell
a-t-elle des limites ?

**Question 2.** Sage l'Ancien n'est pas le seul animal à maîtriser l'art
oratoire. Quel autre personnage du récit a cette capacité particulière ?
La met-il au service du bonheur des animaux ?

**Question 3.** Connaissez-vous des personnalités historiques qui,
comme Sage l'Ancien, se sont appuyées sur un rêve de bonheur pour
faire progresser la société dans laquelle elles vivaient ?

## Conclusion pratique

# Les trois questions de l'examinateur

L'hiver durait, et, de plus en plus, Lubie faisait des siennes. Chaque matin elle était en retard au travail, donnant pour excuse qu'elle ne s'était pas réveillée et se plaignant de douleurs singulières, en dépit d'un appétit robuste. Au moindre prétexte, elle quittait sa
5  tâche et filait à l'abreuvoir, pour s'y mirer comme une sotte. Mais d'autres rumeurs plus alarmantes circulaient sur son compte. Un jour, comme elle s'avançait dans la cour, légère et trottant menu, minaudant[1] de la queue et mâchonnant du foin, Douce la prit à part.

    « Lubie, dit-elle, j'ai à te parler tout à fait sérieusement. Ce matin,
10  je t'ai vue regarder par-dessus la haie qui sépare de Foxwood la Ferme des Animaux. L'un des hommes de Mr. Pilkington se tenait de l'autre côté. Et… j'étais loin de là… j'en conviens… mais j'en suis à peu près certaine… j'ai vu qu'il te causait et te caressait le museau. Qu'est-ce que ça veut dire, ces façons, Lubie ? »
15  Lubie se prit à piaffer[2] et à caracoler, et elle dit :

    « Pas du tout ! Je lui causais pas ! Il m'a pas caressée ! C'est des mensonges !

    – Lubie ! Regarde-moi bien en face. Donne-moi ta parole d'honneur qu'il ne te caressait pas le museau.
20  – Des mensonges ! » répéta Lubie, mais elle ne put soutenir le regard de Douce, et l'instant d'après fit volte-face et fila au galop dans les champs.

---

1. **Minaudant** : faisant des manières.
2. **Piaffer** : frapper le sol des sabots.

Soudain Douce eut une idée. Sans s'en ouvrir aux autres[1], elle se rendit au box de Lubie et à coups de sabots retourna la paille : 
25  sous la litière, elle avait dissimulé une petite provision de morceaux de sucre, ainsi qu'abondance de rubans de différentes couleurs.

Trois jours plus tard, Lubie avait disparu. Et trois semaines durant on ne sut rien de ses pérégrinations[2]. Puis les pigeons rapportèrent l'avoir vue de l'autre côté de Willingdon, dans les brancards[3] d'une 
30  charrette anglaise peinte en rouge et noir, à l'arrêt devant une taverne. Un gros homme au teint rubicond[4], portant guêtres et culotte de cheval[5], et ayant tout l'air d'un cabaretier[6], lui caressait le museau et lui donnait des sucres. Sa robe était tondue de frais et elle portait une mèche enrubannée d'écarlate. Elle avait l'air bien 
35  contente, à ce que dirent les pigeons. Par la suite, et à jamais, les animaux ignorèrent tout de ses faits et gestes.

En janvier, ce fut vraiment la mauvaise saison. Le froid vous glaçait les sangs, le sol était dur comme du fer, le travail aux champs hors de question. De nombreuses réunions se tenaient dans la 
40  grange, et les cochons étaient occupés à établir le plan de la saison prochaine. On en était venu à admettre que les cochons, étant manifestement les plus intelligents des animaux, décideraient à l'avenir de toutes questions touchant la politique de la ferme, sous réserve de ratification[7] à la majorité des voix. Cette méthode aurait 
45  assez bien fait l'affaire sans les discussions entre Boule de Neige et Napoléon, mais tout sujet prêtant à contestation les opposait. L'un proposait-il un ensemencement[8] d'orge sur une plus grande superficie : l'autre, immanquablement, plaidait pour l'avoine. Ou

---

1. **S'en ouvrir aux autres** : en informer les autres.
2. **Pérégrinations** : ici, déplacements.
3. **Brancards** : attelages.
4. **Rubicond** : rouge.
5. **Guêtres** : enveloppes d'étoffe ou de cuir qui recouvrent une partie de la jambe, du mollet à la cuisse ; **culotte de cheval** : pantalon d'équitation.
6. **Cabaretier** : celui qui tient un café, un débit de boisson.
7. **Ratification** : acceptation d'un texte de loi.
8. **Ensemencement** : action de semer le grain dans un champ.

si l'un estimait tel champ juste ce qui convient aux choux : l'autre
50 rétorquait betteraves. Chacun d'eux avait ses partisans, d'où la violence des débats. Lors des assemblées, Boule de Neige l'emportait
souvent grâce à des discours brillants, mais entre-temps Napoléon
était le plus apte à rallier le soutien des uns et des autres. C'est
auprès des moutons qu'il réussissait le mieux. Récemment, ceux-ci
55 s'étaient pris à bêler avec grand intérêt le slogan révolutionnaire :
*Quatrepattes, oui ! Deuxpattes, non !* à tout propos et hors de propos,
et souvent ils interrompaient les débats de cette façon. On remarqua leur penchant à entonner leur refrain aux moments cruciaux
des discours de Boule de Neige. Celui-ci avait étudié de près de
60 vieux numéros d'un hebdomadaire consacré au fermage et à l'éle-
vage, qu'il avait dénichés dans le corps du bâtiment principal, et il
débordait de projets : innovations et perfectionnements. C'est en
érudit[1] qu'il parlait ensilage, drainage des champs, ou même scories
mécaniques[2]. Il avait élaboré un schéma compliqué : désormais les
65 animaux déposeraient leurs fientes à même les champs – en un
point différent chaque jour, afin d'épargner le transport. Napoléon
ne soumit aucun projet, s'en tenant à dire que les plans de Boule
de Neige tomberaient en quenouille[3]. Il paraissait attendre son
heure. Cependant, aucune de leurs controverses[4] n'atteignit en
70 âpreté[5] celle du moulin à vent.

Dominant la ferme, un monticule se dressait dans un grand
pâturage proche des dépendances. Après avoir reconnu les lieux,
Boule de Neige affirma y voir l'emplacement idéal d'un moulin à
vent. Celui-ci, grâce à une génératrice[6], alimenterait la ferme en
75 électricité. Ainsi éclairerait-on écurie, étable et porcherie, et les

---

**1. Érudit** : individu très savant.
**2. Ensilage** : mise en réserve du grain pour l'hiver ; **drainage** : opération d'assainissement d'un terrain humide ; **scories mécaniques** : engrais distribués automatiquement.
**3. Tomberaient en quenouille** : tomberaient dans l'oubli.
**4. Controverses** : disputes, désaccords.
**5. Âpreté** : rudesse.
**6. Génératrice** : machine transformant une énergie en électricité.

chaufferait-on en hiver. Le moulin actionnerait encore un hache-
paille, une machine à couper la betterave, une scie circulaire, et
il permettrait la traite mécanique. Les animaux n'avaient jamais
entendu parler de rien de pareil (car cette ferme vieillotte n'était
80 pourvue que de l'outillage le plus primitif). Aussi écoutaient-ils avec
stupeur Boule de Neige évoquant toutes ces machines mirifiques[1]
qui feraient l'ouvrage à leur place tandis qu'ils paîtraient[2] à loisir
ou se cultiveraient l'esprit par la lecture et la conversation.

En quelques semaines, Boule de Neige mit définitivement au
85 point ses plans. La plupart des détails techniques étaient empruntés
à trois livres ayant appartenu à Mr. Jones : un manuel du bricoleur,
un autre du maçon, un cours d'électricité pour débutants. Il avait
établi son cabinet de travail dans une couveuse artificielle aménagée
en appentis[3]. Le parquet lisse de l'endroit étant propice à qui veut
90 dresser des plans, il s'enfermait là des heures durant : une pierre
posée sur les livres pour les tenir ouverts, un morceau de craie fixé
à la patte, allant et venant, traçant des lignes, et de temps à autre
poussant de petits grognements enthousiastes. Les plans se com-
pliquèrent au point de bientôt n'être qu'un amas de manivelles et
95 pignons[4], couvrant plus de la moitié du parquet. Les autres animaux, absolument dépassés, étaient transportés d'admiration. Une
fois par jour au moins, tous venaient voir ce qu'il était en train de
dessiner, et même les poules et canards, qui prenaient grand soin
de contourner les lignes tracées à la craie. Seul Napoléon se tenait
100 à l'écart. Dès qu'il en avait été question, il s'était déclaré hostile au
moulin à vent. Un jour, néanmoins, il se présenta à l'improviste,
pour examiner les plans. De sa démarche lourde, il arpenta la pièce,
braquant un regard attentif sur chaque détail, et il renifla de dédain
une fois ou deux. Un instant, il s'arrêta à lorgner le travail du coin

---

1. **Mirifiques** : fabuleuses.
2. **Paîtraient** : brouteraient.
3. **Appentis** : remise, cabane adossée à un bâtiment principal.
4. **Pignons** : pièces utilisées en mécanique.

105 de l'œil, et soudain il leva la patte et incontinent compissa[1] le tout.
Ensuite, il sortit sans dire mot.

Toute la ferme était profondément divisée sur la question du
moulin à vent. Boule de Neige ne niait pas que la construction en
serait malaisée. Il faudrait extraire la pierre de la carrière pour en
110 bâtir les murs, puis fabriquer les ailes, ensuite il faudrait encore
se procurer les dynamos[2] et les câbles. (Comment? Il se taisait là-
dessus.) Pourtant, il ne cessait d'affirmer que le tout serait achevé
en un an. Dans la suite, il déclara que l'économie en main-d'œuvre
permettrait aux animaux de ne plus travailler que trois jours par
115 semaine. Napoléon, quant à lui, arguait[3] que l'heure était à l'accrois-
sement de la production alimentaire. Perdez votre temps, disait-il, à
construire un moulin à vent, et tout le monde crèvera de faim. Les
animaux se constituèrent en factions[4] rivales, avec chacune son mot
d'ordre, pour l'une : «Votez pour Boule de Neige et la semaine de
120 trois jours!», pour l'autre : «Votez pour Napoléon et la mangeoire
pleine!» Seul Benjamin ne s'enrôla sous aucune bannière. Il se
refusait à croire à l'abondance de nourriture comme à l'extension
des loisirs. Moulin à vent ou pas, disait-il, la vie continuera pareil
– mal, par conséquent.

125 Outre les controverses sur le moulin à vent, se posait le problème
de la défense de la ferme. On se rendait pleinement compte que
les humains, bien qu'ils eussent été défaits à la bataille de l'Étable,
pourraient bien revenir à l'assaut, avec plus de détermination cette
fois, pour rétablir Mr. Jones à la tête du domaine. Ils y auraient été
130 incités d'autant plus que la nouvelle de leur débâcle avait gagné
les campagnes, rendant plus récalcitrants que jamais les animaux
des fermes.

Comme à l'accoutumée, Boule de Neige et Napoléon s'opposaient.
Suivant Napoléon, les animaux de la ferme devaient se procurer

---

1. **Incontinent** : aussitôt ; **compissa** : urina sur.
2. **Dynamos** : systèmes transformant une énergie mécanique en électricité.
3. **Arguait** : avançait l'argument.
4. **Factions** : groupes, camps.

135   des armes et s'entraîner à s'en servir. Suivant Boule de Neige, ils
devaient dépêcher vers les terres voisines un nombre de pigeons
toujours accru afin de fomenter la révolte chez les animaux des
autres exploitations. Le premier soutenait que, faute d'être à même
de se défendre, les animaux de la ferme couraient au désastre : le
140  second, que des soulèvements en chaîne auraient pour effet de
détourner l'ennemi de toute tentative de reconquête. Les animaux
écoutaient Napoléon, puis Boule de Neige, mais ils ne savaient pas
à qui donner raison. De fait, ils étaient toujours de l'avis de qui
parlait le dernier.

145     Le jour vint où les plans de Boule de Neige furent achevés. À
l'assemblée tenue le dimanche suivant, la question fut mise aux
voix : fallait-il ou non commencer la construction du moulin à vent ?
Une fois les animaux réunis dans la grange, Boule de Neige se
leva et, quoique interrompu de temps à autre par les bêlements
150  des moutons, exposa les raisons qui plaidaient en faveur du moulin à vent. Puis Napoléon se leva à son tour. Le moulin à vent,
déclara-t-il avec beaucoup de calme, est une insanité[1]. Il décon-
seillait à tout le monde de voter le projet. Et, ayant tranché, il se
rassit n'ayant pas parlé trente secondes, et semblant ne guère se
155  soucier de l'effet produit. Sur quoi Boule de Neige bondit. Ayant
fait taire les moutons qui s'étaient repris à bêler, il se lança dans
un plaidoyer[2] d'une grande passion en faveur du moulin à vent.
Jusque-là, l'opinion flottait, partagée en deux. Mais bientôt les animaux furent transportés par l'éloquence de Boule de Neige qui,
160  en termes flamboyants, brossa un tableau du futur à la Ferme des
Animaux. Plus de travail sordide, plus d'échines ployées sous le fardeau ! Et l'imagination aidant, Boule de Neige, loin désormais des
hache-paille et des coupe-betteraves, loua hautement l'électricité.
Celle-ci, proclamait-il, actionnera batteuse et charrues, herses et
165  moissonneuses-lieuses. En outre, elle permettra d'installer dans les

---

**1. Insanité** : folie.
**2. Plaidoyer** : discours en faveur d'une chose ou d'une personne.

étables la lumière, le chauffage, l'eau courante chaude et froide. Quand il se rassit, nul doute ne subsistait sur l'issue du vote. À ce moment, toutefois, Napoléon se leva, jeta sur Boule de Neige un regard oblique et singulier, et poussa un gémissement dans l'aigu que personne ne lui avait encore entendu pousser.

Sur quoi ce sont dehors des aboiements affreux, et bientôt se ruent à l'intérieur de la grange neuf molosses portant des colliers incrustés de cuivre. Ils se jettent sur Boule de Neige, qui de justesse échappe à leurs crocs. L'instant d'après, il avait passé la porte, les chiens à ses trousses. Alors, trop abasourdis et épouvantés pour élever la voix, les animaux se pressèrent en cohue vers la sortie, pour voir la poursuite. Boule de Neige détalait par le grand pâturage qui mène à la route. Il courait comme seul un cochon peut courir, les chiens sur ses talons. Mais tout à coup voici qu'il glisse, et l'on croit que les chiens sont sur lui. Alors il se redresse, et file d'un train encore plus vif. Les chiens regagnent du terrain, et l'un d'eux, tous crocs dehors, est sur le point de lui mordre la queue quand, de justesse, il l'esquive. Puis, dans un élan suprême, Boule de Neige se faufile par un trou dans la haie, et on ne le revit plus.

En silence, terrifiés, les animaux regagnaient la grange. Bientôt les chiens revenaient, et toujours au pas accéléré. Tout d'abord, personne ne soupçonna d'où ces créatures pouvaient bien venir, mais on fut vite fixé : car c'étaient là les neuf chiots que Napoléon avait ravis à leurs mères et élevés en secret. Pas encore tout à fait adultes, déjà c'étaient des bêtes énormes, avec l'air féroce des loups. Ces molosses se tenaient aux côtés de Napoléon, et l'on remarqua qu'ils frétillaient de la queue à son intention, comme ils avaient l'habitude de faire avec Jones.

Napoléon, suivi de ses molosses, escaladait maintenant l'aire surélevée du plancher d'où Sage l'Ancien, naguère, avait prononcé son discours. Il annonça que dorénavant il ne se tiendrait plus d'assemblées du dimanche matin. Elles ne servaient à rien, déclarat-il – pure perte de temps. À l'avenir, toutes questions relatives à la gestion de la ferme seraient tranchées par un comité de cochons,

200 sous sa propre présidence. Le comité se réunirait en séances privées, après quoi les décisions seraient communiquées aux autres animaux. On continuerait de se rassembler le dimanche matin pour le salut au drapeau, chanter *Bêtes d'Angleterre* et recevoir les consignes de la semaine. Mais les débats publics étaient abolis.

205 Encore sous le choc de l'expulsion de Boule de Neige, entendant ces décisions les animaux furent consternés. Plusieurs d'entre eux auraient protesté si des raisons probantes[1] leur étaient venues à l'esprit. Même Malabar était désemparé, à sa façon confuse. Les oreilles rabattues et sa mèche lui fouettant le visage, il essayait bien

210 de rassembler ses pensées, mais rien ne lui venait. Toutefois, il se produisit des remous dans le clan même des cochons, chez ceux d'esprit délié. Au premier rang, quatre jeunes gorets piaillèrent leurs protestations, et, dressés sur leurs pattes de derrière, incontinent ils se donnèrent la parole. Soudain, menaçants et sinistres, les chiens

215 assis autour de Napoléon se prirent à grogner, et les porcelets se turent et se rassirent. Puis ce fut le bêlement formidable du chœur des moutons : *Quatrepattes, oui ! Deuxpattes, non !* qui se prolongea presque un quart d'heure, ruinant toute chance de discussion.

Par la suite, Brille-Babil fut chargé d'expliquer aux animaux les

220 dispositions nouvelles.

« Camarades, disait-il, je suis sûr que chaque animal apprécie à sa juste valeur le sacrifice consenti par le camarade Napoléon à qui va incomber une tâche supplémentaire. N'allez pas imaginer, camarades, que gouverner est une partie de plaisir ! Au contraire,

225 c'est une lourde, une écrasante responsabilité. De l'égalité de tous les animaux, nul n'est plus fermement convaincu que le camarade Napoléon. Il ne serait que trop heureux de s'en remettre à vous de toutes décisions. Mais il pourrait vous arriver de prendre des décisions erronées, et où cela mènerait-il alors ? Supposons qu'après

230 avoir écouté les billevesées[2] du moulin à vent vous ayez pris le parti

1. **Probantes** : convaincantes.
2. **Billevesées** : sornettes, propos dénués de sens.

de suivre Boule de Neige qui, nous le savons aujourd'hui, n'était pas plus qu'un criminel ?

– Il s'est conduit en brave à la bataille de l'Étable, dit quelqu'un.

235 – La bravoure ne suffit pas, reprit Brille-Babil. La loyauté et l'obéissance passent avant. Et, pour la bataille de l'Étable, le temps viendra, je le crois, où l'on s'apercevra que le rôle de Boule de Neige a été très exagéré. De la discipline, camarades, une discipline de fer ! Tel est aujourd'hui le mot d'ordre. Un seul faux pas, et nos ennemis nous prennent à la gorge. À coup sûr, camarades, vous ne 240 désirez pas le retour de Jones ? »

Une fois de plus, l'argument était sans réplique. Les animaux, certes, ne voulaient pas du retour de Jones. Si les débats du dimanche matin étaient susceptibles de le ramener, alors, qu'on y mette un terme. Malabar, qui maintenant pouvait méditer à loisir, exprima 245 le sentiment général : « Si c'est le camarade Napoléon qui l'a dit, ce doit être vrai. » Et, de ce moment, en plus de sa devise propre : « Je vais travailler plus dur », il prit pour maxime : « Napoléon ne se trompe jamais. »

Le temps se radoucissait, on avait commencé les labours de 250 printemps. L'appentis où Boule de Neige avait dressé ses plans du moulin avait été condamné. Quant aux plans mêmes, on se disait que le parquet n'en gardait pas trace. Et chaque dimanche matin, à dix heures, les animaux se réunissaient dans la grange pour recevoir les instructions hebdomadaires. On avait déterré du 255 verger le crâne de Sage l'Ancien, désormais dépouillé de toute chair, afin de l'exposer sur une souche au pied du mât, à côté du fusil. Après le salut au drapeau, et avant d'entrer dans la grange, les animaux étaient requis de défiler devant le crâne, en signe de vénération. Une fois dans la grange, désormais ils ne s'asseyaient 260 plus, comme dans le passé, tous ensemble. Napoléon prenait place sur le devant de l'estrade, en compagnie de Brille et de Minimus (un autre cochon, fort doué, lui, pour composer chansons et poèmes). Les neuf molosses se tenaient autour d'eux en demi-cercle, et le reste des cochons s'asseyaient derrière eux, les autres animaux leur

265 faisant face. Napoléon donnait lecture des consignes de la semaine
sur un ton bourru[1] et militaire. On entonnait *Bêtes d'Angleterre*, une
seule fois, et c'était la dispersion.

Le troisième dimanche après l'expulsion de Boule de Neige, les
animaux furent bien étonnés d'entendre, de la bouche de Napoléon,
270 qu'on allait construire le moulin, après tout. Napoléon ne donna
aucune raison à l'appui de ce retournement, se contentant d'avertir
les animaux qu'ils auraient à travailler très dur. Et peut-être serait-il
même nécessaire de réduire les rations. En tout état de cause, le
plan avait été minutieusement préparé dans les moindres détails.
275 Un comité de cochons constitué à cet effet lui avait consacré les
trois dernières semaines. Jointe à différentes autres améliorations,
la construction du moulin devrait prendre deux ans.

Ce soir-là, Brille-Babil prit à part les autres animaux, leur expliquant que Napoléon n'avait jamais été vraiment hostile au moulin.
280 Tout au contraire, il l'avait préconisé le tout premier. Et, pour les
plans dessinés par Boule de Neige sur le plancher de l'ancienne
couveuse, ils avaient été dérobés dans les papiers de Napoléon.
Bel et bien, le moulin à vent était en propre l'œuvre de Napoléon.
Pourquoi donc, s'enquit alors quelqu'un, Napoléon s'est-il élevé
285 aussi violemment contre la construction de ce moulin ? À ce point,
Brille-Babil prit son air le plus matois[2], disant combien c'était astu-
cieux de Napoléon d'avoir *paru* hostile au moulin – un simple
artifice pour se défaire de Boule de Neige, un individu pernicieux[3],
d'influence funeste. Celui-ci évincé[4], le projet pourrait se matérialiser
290 sans entraves puisqu'il ne s'en mêlerait plus. Cela, dit Brille-Babil,
c'est ce qu'on appelle la tactique. À plusieurs reprises, sautillant
et battant l'air de sa queue et se pâmant de rire, il déclara : « De la
tactique, camarades, de la tactique ! » Ce mot laissait les animaux

---

1. **Bourru** : rude.
2. **Matois** : rusé.
3. **Pernicieux** : dangereux.
4. **Évincé** : éliminé.

perplexes, mais ils acceptèrent les explications sans plus insister :
295 tant Brille-Babil s'exprimait de façon persuasive, et tant grognaient
d'un air menaçant les trois molosses qui se trouvaient être de sa
compagnie.

# Chapitre 6

Toute l'année, les animaux trimèrent comme des esclaves, mais leur travail les rendait heureux. Ils ne rechignaient ni à la peine ni au sacrifice, sachant bien que, de tout le mal qu'ils se donnaient, eux-mêmes recueilleraient les fruits, ou à défaut leur descendance
5  – et non une bande d'humains désœuvrés, tirant les marrons du feu[1].

Tout le printemps et pendant l'été, ce fut la semaine de soixante heures, et en août Napoléon fit savoir qu'ils auraient à travailler aussi les après-midi du dimanche. Ce surcroît d'effort leur était demandé à titre tout à fait volontaire, étant bien entendu que tout
10  animal qui se récuserait[2] aurait ses rations réduites de moitié. Même ainsi, certaines tâches durent être abandonnées. La moisson fut un peu moins belle que l'année précédente, et deux champs, qu'il eût fallu ensemencer de racines au début de l'été, furent laissés en jachère[3], faute d'avoir pu achever les labours en temps voulu. On
15  pouvait s'attendre à un rude hiver.

Le moulin à vent présentait des difficultés inattendues. Il y avait bien une carrière sur le territoire de la ferme, ainsi qu'abondance de sable et de ciment dans une des remises : les matériaux étaient donc à pied d'œuvre[4]. Mais les animaux butèrent tout d'abord
20  sur le problème de la pierre à morceler en fragments utilisables :

---

**1. Tirant les marrons du feu** : tirant profit de la situation (figuré).
**2. Se récuserait** : refuserait.
**3. Jachère** : procédé consistant à laisser reposer une terre sans la cultiver pendant une période afin qu'elle donne plus de récoltes par la suite.
**4. À pied d'œuvre** : sur le terrain, sur place.

comment s'y prendre? Pas autrement, semblait-il, qu'à l'aide de leviers et de pics. Voilà qui les dépassait, aucun d'eux ne pouvant se tenir longtemps debout sur ses pattes de derrière. Il s'écoula plusieurs semaines en efforts vains avant que quelqu'un ait l'idée
25 juste: utiliser la loi de la pesanteur. D'énormes blocs, bien trop gros pour être employés tels quels, reposaient sur le lit de la carrière. Les animaux les entourèrent de cordes, puis tous ensemble, vaches, chevaux, moutons, et chacun de ceux qui pouvaient tenir une corde (et même les cochons prêtaient patte forte aux moments cruciaux)
30 se prirent à hisser ces blocs de pierre, avec une lenteur désespérante, jusqu'au sommet de la carrière. De là, basculés par-dessus bord, ils se fracassaient en morceaux au contact du sol. Une fois ces pierres brisées, le transport en était relativement aisé. Les chevaux les charriaient par tombereaux[1], les moutons les traînaient, un moellon[2] à
35 la fois; Edmée la chèvre et Benjamin l'âne en étaient aussi: attelés à une vieille patache[3] et payant de leur personne. Sur la fin de l'été on disposait d'assez de pierres pour que la construction commence. Les cochons supervisaient.

Lent et pénible cours de ces travaux. C'est souvent qu'il fallait
40 tout un jour d'efforts harassants pour tirer un seul bloc de pierre jusqu'au faîte[4] de la carrière, et même parfois il ne se brisait pas au sol. Les animaux ne seraient pas parvenus à bout de leur tâche sans Malabar dont la force semblait égaler celle additionnée de tous les autres. Quand le bloc de pierre se mettait à glisser et que
45 les animaux, emportés dans sa chute sur le flanc de la colline, hurlaient la mort, c'était lui toujours qui l'arrêtait à temps, arc-bouté de tout son corps. Et chacun était saisi d'admiration, le voyant ahaner[5], et pouce à pouce gagner du terrain – tout haletant, ses flancs immenses couverts de sueur, la pointe des sabots tenant dru

---

**1. Les charriaient par tombereaux**: les transportaient par charrettes.
**2. Moellon**: pierre.
**3. Patache**: chariot en mauvais état.
**4. Faîte**: sommet.
**5. Ahaner**: haleter.

50 au sol. Douce parfois lui disait de ne pas s'éreinter pareillement, mais lui ne voulait rien entendre. Ses deux mots d'ordre : « Je vais travailler plus dur » et « Napoléon ne se trompe jamais » lui semblaient une réponse suffisante à tous les problèmes. Il s'était arrangé avec le jeune coq pour que celui-ci le réveille trois quarts d'heure à 55 l'avance au lieu d'une demi-heure. De plus, à ses moments perdus – mais il n'en avait plus guère – il se rendait à la carrière pour y ramasser une charretée de pierraille qu'il tirait tout seul jusqu'à l'emplacement du moulin.

Malgré la rigueur du travail, les animaux n'eurent pas à pâtir de 60 tout l'été. S'ils n'étaient pas mieux nourris qu'au temps de Jones, en tout cas ils ne l'étaient pas moins. L'avantage de subvenir à leurs seuls besoins – indépendamment de ceux, extravagants, de cinq êtres humains – était si considérable que, pour le perdre, il eût fallu accumuler beaucoup d'échecs. De bien des manières, la 65 méthode animale était la plus efficace, et elle économisait du travail. Le sarclage[1], par exemple, pouvait se faire avec une minutie impossible chez les humains. Et les animaux s'interdisant désormais de chaparder, il était superflu de séparer par des clôtures les pâturages des labours, de sorte qu'il n'y avait plus lieu d'entretenir haies et 70 barrières. Malgré tout, comme l'été avançait, différentes choses commencèrent à faire défaut[2] sans qu'on s'y fût attendu : huile de paraffine, clous, ficelle, biscuits pour les chiens, fers du maréchal-ferrant – tous produits qui ne pouvaient pas être fabriqués à la ferme. Plus tard, on aurait besoin encore de graines et d'engrais 75 artificiels, sans compter différents outils et la machinerie du moulin. Comment se procurer le nécessaire ? C'est ce dont personne n'avait la moindre idée.

Un dimanche matin que les animaux étaient rassemblés pour recevoir leurs instructions, Napoléon annonça qu'il avait arrêté 80 une ligne politique nouvelle. Dorénavant la Ferme des Animaux

---

1. **Sarclage** : désherbage.
2. **Faire défaut** : manquer.

entretiendrait des relations commerciales avec les fermes du voisinage : non pas, bien entendu, pour faire du négoce, mais simplement pour se procurer certaines fournitures d'urgente nécessité.
Ce qu'exigeait la construction du moulin devait, dit-il, primer toute
85 autre considération. Aussi était-il en pourparlers[1] pour vendre une
meule de foin et une partie de la récolte de blé. Plus tard, en cas
de besoin d'argent, il faudrait vendre des œufs (on peut les écouler
au marché de Willingdon). Les poules, déclara Napoléon, devaient
se réjouir d'un sacrifice qui serait leur quote-part[2] à l'édification
90 du moulin à vent.

Une fois encore les animaux éprouvèrent une vague inquiétude.
Ne jamais entrer en rapport avec les humains, ne jamais faire de
commerce, ne jamais faire usage d'argent – n'était-ce pas là certaines des résolutions prises à l'assemblée triomphale qui avait suivi
95 l'expulsion de Jones ? Tous les animaux se rappelaient les avoir
adoptées : ou du moins ils croyaient en avoir gardé le souvenir. Les
quatre jeunes gorets qui avaient protesté quand Napoléon avait
supprimé les assemblées élevèrent timidement la voix, mais pour
être promptement réduits au silence et comme foudroyés par les
100 grognements des chiens. Puis, comme d'habitude, les moutons
lancèrent l'antienne[3] : *Quatrepattes, oui ! Deuxpattes, non !*, et la gêne
passagère en fut dissipée. Finalement, Napoléon dressa la patte pour
réclamer le silence et fit savoir que toutes dispositions étaient déjà
prises. Il n'y aurait pas lieu pour les animaux d'entrer en relation avec
105 les humains, ce qui manifestement serait on ne peut plus mal venu.
De ce fardeau il se chargerait lui-même. Un certain Mr. Whymper,
avoué[4] à Willingdon, avait accepté de servir d'intermédiaire entre
la Ferme des Animaux et le monde extérieur, et chaque lundi matin
il viendrait prendre les directives. Napoléon termina son discours

---

1. **Pourparlers** : négociations.
2. **Quote-part** : contribution.
3. **Antienne** : refrain.
4. **Avoué** : ici, personne chargée de représenter juridiquement un groupe
d'individus.

110 de façon coutumière, s'écriant : «Vive la Ferme des Animaux ! » Et, après avoir entonné *Bêtes d'Angleterre*, on rompit les rangs.

Ensuite, Brille-Babil fit le tour de la ferme afin d'apaiser les esprits. Il assura aux animaux que la résolution condamnant le commerce et l'usage de l'argent n'avait jamais été passée, ou même 115 proposée. C'était là pure imagination, ou alors une légende née des mensonges de Boule de Neige. Et comme un léger doute subsistait dans quelques esprits, Brille-Babil, en personne astucieuse, leur demanda : «Êtes-vous tout à fait sûrs, camarades, que vous n'avez pas rêvé ? Pouvez-vous faire état d'un document, d'un texte consi- 120 gné sur un registre ou l'autre ? » Et comme assurément n'existait aucun écrit consigné, les animaux furent convaincus de leur erreur.

Comme convenu, Mr. Whymper se rendait chaque lundi à la ferme. C'était un petit homme à l'air retors, et qui portait des favoris[1] – un avoué dont l'étude ne traitait que de piètres affaires. 125 Cependant, il était bien assez finaud[2] pour avoir compris avant tout autre que la Ferme des Animaux aurait besoin d'un courtier[3], et les commissions[4] ne seraient pas négligeables. Les animaux observaient ses allées et venues avec une sorte d'effroi, et ils l'évitaient autant que possible. Néanmoins, voir Napoléon, un quatrepattes, donner 130 des ordres à ce deuxpattes, réveilla leur orgueil et les réconcilia en partie avec les dispositions nouvelles. Leurs relations avec la race humaine n'étaient plus tout à fait les mêmes que par le passé. Les humains ne haïssaient pas moins la Ferme des Animaux de la voir prendre un certain essor : à la vérité, ils la haïssaient plus que jamais. 135 Chacun d'eux avait tenu pour article de foi[5] que la ferme ferait faillite à plus ou moins brève échéance[6] ; et quant au moulin à vent, il était voué à l'échec. Dans leurs tavernes, ils se prouvaient les uns

---

1. **Favoris** : touffes de barbe qu'on laisse pousser sur les joues.
2. **Finaud** : malin.
3. **Courtier** : intermédiaire mettant en relation vendeur et acheteur.
4. **Commissions** : pourcentages des ventes touchés par le courtier.
5. **Tenu pour article de foi** : soutenu avec conviction.
6. **À plus ou moins brève échéance** : tôt ou tard.

aux autres, schémas à l'appui, que fatalement il s'écroulerait, ou qu'à défaut il ne fonctionnerait jamais. Et pourtant, ils en étaient venus, à leur corps défendant, à un certain respect pour l'aptitude de ces animaux à gérer leurs propres affaires. Ainsi désignaient-ils maintenant la Ferme des Animaux sous son nom, sans plus feindre de croire qu'elle fût la Ferme du Manoir. Et de même avaient-ils renoncé à défendre la cause de Jones ; celui-ci, ayant perdu tout espoir de rentrer dans ses biens, s'en était allé vivre ailleurs.

Sauf par le truchement[1] de Whymper, il n'avait pas été établi de relations entre la Ferme des Animaux et le monde étranger, mais un bruit circulait avec insistance : Napoléon aurait été sur le point de passer un marché avec soit Mr. Pilkington de Foxwood, soit Mr. Frederick de Pinchfield – mais en aucun cas, ainsi qu'on en fit la remarque, avec l'un et l'autre en même temps.

Vers ce temps-là, les cochons emménagèrent dans la maison d'habitation dont ils firent leurs quartiers. Une fois encore, les animaux crurent se ressouvenir qu'une résolution contre ces pratiques avait été votée, dans les premiers jours, mais une fois encore Brille-Babil parvint à les convaincre qu'il n'en était rien. Il est d'absolue nécessité, expliqua-t-il, que les cochons, têtes pensantes de la ferme, aient à leur disposition un lieu paisible où travailler. Il est également plus conforme à la dignité du chef (car depuis peu il lui était venu de conférer la dignité de chef à Napoléon) de vivre dans une maison que dans une porcherie. Certains animaux furent troublés d'apprendre, non seulement que les cochons prenaient leur repas à la cuisine et avaient fait du salon leur salle de jeux, mais aussi qu'ils dormaient dans des lits. Comme de coutume, Malabar en prit son parti – « Napoléon ne se trompe jamais » –, mais Douce, croyant se rappeler une interdiction expresse à ce sujet, se rendit au fond de la grange et tenta de déchiffrer les Sept Commandements inscrits là. N'étant à même que d'épeler les lettres une à une, elle s'en alla quérir Edmée.

---

1. **Truchement** : intermédiaire.

170 « Edmée, dit-elle, lis-moi donc le Quatrième Commandement. N'y est-il pas question de ne jamais dormir dans un lit ? »

Edmée épelait malaisément les lettres. Enfin :

« Ça dit. *Aucun animal ne dormira dans un lit avec des draps.* »

Chose curieuse, Douce ne se rappelait pas qu'il eût été question
175 de draps dans le Quatrième Commandement, mais puisque c'était inscrit sur le mur il fallait se rendre à l'évidence. Sur quoi, Brille-Babil vint à passer par là avec deux ou trois chiens, et il fut à même d'expliquer l'affaire sous son vrai jour :

« Vous avez donc entendu dire, camarades, que nous, les cochons,
180 dormons maintenant dans les lits de la maison ? Et pourquoi pas ? Vous n'allez tout de même pas croire à l'existence d'un règlement qui proscrive les *lits* ? Un lit, ce n'est jamais qu'un lieu où dormir. Le tas de paille d'une écurie, qu'est-ce que c'est, à bien comprendre, sinon un lit ? L'interdiction porte sur les *draps*, lesquels sont d'invention
185 humaine. Or nous avons enlevé les draps des lits et nous dormons entre des couvertures. Ce sont là des lits où l'on est très bien, mais pas outre mesure, je vous en donne mon billet[1], camarades, avec ce travail de tête qui désormais nous incombe. Vous ne voudriez pas nous ôter le sommeil réparateur, hein, camarades ? Vous ne
190 voudriez pas que nous soyons exténués au point de ne plus faire face à la tâche ? Sans nul doute, aucun de vous ne désire le retour de Jones ? »

Les animaux le rassurèrent sur ce point, et ainsi fut clos le chapitre des lits. Et nulle contestation non plus lorsque, quelques jours
195 plus tard, il fut annoncé qu'à l'avenir les cochons se lèveraient une heure plus tard que les autres.

L'automne venu au terme d'une saison de travail éprouvante, les animaux étaient fourbus mais contents. Après la vente d'une partie du foin et du blé, les provisions pour l'hiver n'étaient pas
200 fort abondantes, mais le moulin contrebalançait toute déconvenue[2].

---

1. **Je vous en donne mon billet** : je vous le garantis.
2. **Déconvenue** : déception.

Il était maintenant presque à demi bâti. Après la moisson, un temps sec sous un ciel dégagé fit que les animaux trimèrent plus dur que jamais : car, se disaient-ils, il valait bien la peine de charroyer[1] tout le jour des quartiers de pierre, si, ce faisant, on exhaussait[2]
205 d'un pied[3] les murs du moulin. Malabar allait même au travail tout seul, certaines nuits, une heure ou deux, sous le clair de lune de septembre. Et, à leurs heures perdues, les animaux faisaient le tour du moulin en construction, à n'en plus finir, en admiration devant la force et l'aplomb des murs, et s'admirant eux-mêmes
210 d'avoir dressé un ouvrage imposant tel que celui-là. Seul le vieux Benjamin se refusait à l'enthousiasme, sans toutefois rien dire que de répéter ses remarques sibyllines sur la longévité de son espèce.

Ce fut novembre et les vents déchaînés du Sud-Ouest. Il fallut arrêter les travaux, car avec le temps humide on ne pouvait plus
215 malaxer le ciment. Une nuit enfin la tempête souffla si fort que les bâtiments de la ferme vacillèrent sur leurs assises, et plusieurs tuiles du toit de la grange furent emportées. Les poules endormies sursautèrent, caquetant d'effroi. Toutes dans un même rêve croyaient entendre la lointaine décharge d'un fusil. Au matin les animaux
220 une fois dehors s'aperçurent que le mât avait été abattu, et un .orme, au bas du verger, arraché au sol comme un simple radis. Ils en étaient là de leurs découvertes, qu'un cri désespéré leur échappa. C'est qu'ils avaient sous les yeux quelque chose d'insoutenable : le moulin en ruine.

225 D'un commun accord ils se ruèrent sur le lieu du désastre. Napoléon, dont ce n'était pas l'habitude de hâter le pas, courait devant. Et, oui, gisait là le fruit de tant de luttes : ces murs rasés jusqu'aux fondations, et ces pierres éparpillées que si péniblement ils avaient cassées et charriées ! Stupéfaits, les animaux jetaient un
230 regard de deuil sur ces éboulis. En silence, Napoléon arpentait le terrain de long en large, reniflant de temps à autre, la queue crispée

---

1. **Charroyer** : transporter.
2. **Exhaussait** : élevait.
3. **Pied** : unité de longueur britannique (1 pied équivaut à environ 30 centimètres).

battant de droite et de gauche, ce qui chez lui était l'indice d'une grande activité de tête. Soudain il fit halte, et il fallait croire qu'il avait arrêté son parti[1] :

235 « Camarades, dit-il, savez-vous qui est le fautif ? L'ennemi qui s'est présenté à la nuit et a renversé notre moulin à vent ? C'est Boule de Neige ! rugit Napoléon.

Oui, enchaîna-t-il, c'est Boule de Neige, par pure malignité, pour contrarier nos plans, et se venger de son ignominieuse expulsion.
240 Lui, le traître ! À la faveur des ténèbres, il s'est faufilé jusqu'ici et a ruiné d'un coup un an bientôt de notre labeur.

Camarades, de ce moment, je décrète la condamnation à mort de Boule de Neige. Sera Héros-Animal de Deuxième classe et recevra un demi-boisseau de pommes quiconque le conduira sur les bancs
245 de la justice. Un boisseau entier à qui le capturera vivant ! »

Que même Boule de Neige ait pu se rendre capable de pareille vilenie[2], voilà une découverte qui suscita chez les animaux une indignation extrême. Ce fut un tel tollé[3] qu'incontinent chacun réfléchit aux moyens de se saisir de Boule de Neige si jamais il
250 devait se représenter sur les lieux. Presque aussitôt on découvrit sur l'herbe, à petite distance de la butte, des empreintes de cochon. On ne pouvait les suivre que sur quelques mètres, mais elles avaient l'air de conduire à une brèche dans la haie. Napoléon, ayant reniflé de manière significative, déclara qu'il s'agissait bien de Boule de
255 Neige. D'après lui, il avait dû venir de la ferme de Foxwood. Et, ayant fini de renifler :

« Plus d'atermoiements[4], camarades ! s'écria Napoléon. Le travail nous attend. Ce matin même nous allons nous remettre à bâtir le moulin, et nous ne détellerons pas[5] de tout l'hiver, qu'il pleuve
260 ou vente. Nous ferons savoir à cet abominable traître qu'on ne

---

1. **Arrêté son parti** : décidé de la façon dont il réagirait.
2. **Vilenie** : bassesse, action immorale, déshonorante.
3. **Tollé** : élan d'indignation collectif.
4. **Atermoiements** : hésitations.
5. **Nous ne détellerons pas** : nous ne détacherons pas les attelages.

La Ferme des animaux

fait pas si facilement table rase de notre œuvre. Souvenez-vous-en, camarades : nos plans ne doivent être modifiés en rien. Ils seront terminés au jour dit. En avant, camarades ! Vive le moulin à vent ! Vive la Ferme des Animaux ! »

# Chapitre 7

Un rude hiver. Après les orages, la neige et la neige fondue, puis ce fut le gel qui ne céda que courant février. Vaille que vaille[1], les animaux poursuivaient la reconstruction du moulin, se rendant bien compte que le monde étranger les observait, et que les humains
5 envieux se réjouiraient comme d'un triomphe, si le moulin n'était pas achevé dans les délais.

Les mêmes humains affectaient, par pure malveillance, de ne pas croire à la fourberie de Boule de Neige : le moulin se serait effondré tout seul, à les en croire, à cause de ses murs fragiles. Les
10 animaux savaient, eux, que tel n'était pas le cas – encore qu'on eût décidé de les rebâtir sur trois pieds d'épaisseur, au lieu de dix-huit pouces, comme précédemment. Il leur fallait maintenant amener à pied d'œuvre une bien plus grande quantité de pierres. Longtemps, la neige amoncelée sur la carrière retarda les travaux. Puis ce fut
15 un temps sec et il gela, et les animaux se remirent à la tâche, mais elle leur était pénible et ils n'y apportaient plus qu'un moindre enthousiasme. Ils avaient froid tout le temps, la plupart du temps ils avaient faim aussi. Seuls Malabar et Douce gardaient cœur à l'ouvrage. Les animaux entendaient les exhortations[2] excellentes
20 de Brille-Babil sur les joies du service et la dignité du labeur, mais trouvaient plus de stimulant dans la puissance de Malabar comme dans sa devise inattaquable : «Je vais travailler plus dur.»

---

**1. Vaille que vaille** : tant bien que mal.
**2. Exhortations** : encouragements.

En janvier la nourriture vint à manquer. Le blé fut réduit à la portion congrue[1], et il fut annoncé que, par compensation, une ration supplémentaire de pommes de terre serait distribuée. Or on s'aperçut que la plus grande partie des pommes de terre avait gelé, n'ayant pas été assez bien protégées sous la paille. Elles étaient molles et décolorées, peu comestibles. Bel et bien, plusieurs jours d'affilée les animaux se nourrirent de betteraves fourragères[2] et de paille. Ils semblaient menacés de mort lente.

Il était d'importance capitale de cacher ces faits au monde extérieur. Enhardis par l'effondrement du moulin, les humains accablaient la Ferme des Animaux sous de nouveaux mensonges. Une fois encore, les bêtes mouraient de faim et les maladies faisaient des ravages, elles se battaient entre elles, tuaient leurs petits, se comportaient en vrais cannibales. Si la situation alimentaire venait à être connue, les conséquences seraient funestes; et c'est ce dont Napoléon se rendait clairement compte. Aussi décida-t-il de recourir à Mr. Whymper, pour que prévale le sentiment contraire. Les animaux n'avaient à peu près jamais l'occasion de rencontrer Mr. Whymper lors de ses visites hebdomadaires: désormais, certains d'entre eux, bien choisis – surtout des moutons –, eurent l'ordre de se récrier[3], comme par hasard, quand il était à portée d'oreille, sur leurs rations plus abondantes. De plus, Napoléon donna ordre de remplir de sable, presque à ras bord, les coffres à peu près vides de la resserre, qu'on recouvrit ensuite du restant de grains et de farine. Sur un prétexte plausible, on mena Mr. Whymper à la resserre et l'on fit en sorte qu'il jette au passage un coup d'œil sur les coffres. Il tomba dans le panneau, et rapporta partout qu'à la Ferme des Animaux il n'y avait pas de disette.

Pourtant, à fin janvier, il devint évident qu'il serait indispensable de s'approvisionner en grain quelque part. À cette époque, Napoléon se montrait rarement en public. Il passait son temps à la maison,

---

**1. Portion congrue**: quantité minimale.
**2. Fourragères**: réservées à la nourriture du bétail.
**3. Se récrier**: s'exclamer.

où sur chaque porte veillaient des chiens à la mine féroce. Quand
55  il quittait sa retraite, c'était dans le respect de l'étiquette[1] et sous
escorte. Car six molosses l'entouraient, et grognaient si quelqu'un
l'approchait de trop près. Souvent il ne se montrait même pas le
dimanche matin, mais faisait connaître ses instructions par l'un des
autres cochons, Brille-Babil en général.

60      Un dimanche matin, Brille-Babil déclara que les poules, qui
venaient de se remettre à pondre, devraient donner leurs œufs.
Napoléon avait conclu, par l'intermédiaire de Whymper, un contrat
portant sur quatre cents œufs par semaine. En contrepartie, on se
procurerait la farine et le grain jusqu'à l'été et le retour à une vie
65  moins pénible.

Entendant ce qu'il en était, les poules élevèrent des protestations
scandalisées. Elles avaient été prévenues que ce sacrifice pourrait
s'avérer nécessaire, mais n'avaient pas cru qu'on en viendrait là.
Elles déclaraient qu'il s'agissait de leurs couvées de printemps, et
70  que leur prendre leurs œufs était criminel. Pour la première fois
depuis l'expulsion de Jones, il y eut une sorte de révolte. Sous la
conduite de trois poulets noirs de Minorque, les poules tentèrent
résolument de faire échec aux vœux de Napoléon. Leur mode de
résistance consistait à se jucher sur les chevrons du comble[2], d'où
75  les œufs pondus s'écrasaient au sol. La réaction de Napoléon fut
immédiate et sans merci. Il ordonna qu'on supprime les rations des
poules, et décréta que tout animal surpris à leur donner fût-ce un
seul grain serait puni de mort. Les chiens veillèrent à l'exécution
de ces ordres. Les poules tinrent bon cinq jours, puis elles capitu-
80  lèrent et regagnèrent leurs pondoirs. Neuf d'entre elles, entre-temps,
étaient mortes. On les enterra dans le verger, et il fut entendu
qu'elles étaient mortes de coccidiose[3]. Whymper n'eut pas vent de
l'affaire, et les œufs furent livrés en temps voulu. La camionnette
d'un épicier venait les enlever chaque semaine.

---

**1. Étiquette** : protocole.
**2. Comble** : partie du bâtiment située sous le toit.
**3. Coccidiose** : maladie intestinale.

85   De tout ce temps on n'avait revu Boule de Neige. Mais on disait
que sans doute il devait se cacher dans l'une ou l'autre des deux
fermes voisines, soit Foxwood, soit Pinchfield. Napoléon était alors
en termes un peu meilleurs avec les fermiers. Il faut dire que, depuis
une dizaine d'années, il y avait dans la cour, sur l'emplacement
90   d'une ancienne hêtraie[1], une pile de madriers[2]. C'était du beau
bois sec que Whymper avait conseillé à Napoléon de vendre. De
leur côté, Mr. Pilkington et Mr. Frederick désiraient l'acquérir. Or
Napoléon hésitait entre les deux sans jamais se décider. On remarqua
que chaque fois qu'il penchait pour Mr. Frederick, Boule de Neige
95   était soupçonné de se cacher à Foxwood, au lieu que si Napoléon
inclinait pour Mr. Pilkington, alors Boule de Neige s'était réfugié
à Pinchfield.

Et, soudain, au début du printemps, une nouvelle alarmante :
Boule de Neige hantait la ferme à la nuit ! L'émoi des animaux fut
100  tel qu'ils faillirent en perdre le sommeil. Selon la rumeur, Boule
de Neige s'introduisait à la faveur des ténèbres pour commettre
cent méfaits. C'est lui qui volait le blé, renversait les seaux à lait,
cassait les œufs, piétinait les semis, écorçait les arbres fruitiers.
On prit l'habitude de lui imputer tout forfait[3], tout contretemps.
105  Si une fenêtre était brisée, un égout obstrué, la faute lui en était
toujours attribuée, et quand on perdit la clef de la resserre, dans
la ferme entière ce fut un même cri : Boule de Neige l'avait jetée
dans le puits ! Et, chose bizarre, c'est ce que les animaux croyaient
toujours après qu'on eut retrouvé la clef sous un sac de farine.
110  Unanimes, les vaches affirmaient que Boule de Neige pénétrait
dans l'étable par surprise pour les traire dans leur sommeil. Les
rats, qui cet hiver-là avaient fait des leurs, passaient pour être de
connivence[4] avec lui.

---

1. **Hêtraie** : espace où sont plantés des hêtres (variété d'arbres).
2. **Madriers** : grosses planches.
3. **Lui imputer tout forfait** : lui attribuer chaque crime.
4. **De connivence** : complices.

Les activités de Boule de Neige doivent être soumises à une
investigation[1] implacable, décréta Napoléon. Escorté de ses chiens,
il inspecta les bâtiments avec grande minutie, les autres animaux le
suivant à distance de respect. Souvent il faisait halte pour flairer le
sol, déclarant qu'il pouvait déceler à l'odeur les empreintes de Boule
de Neige. Pas un coin de la grange et de l'étable, du poulailler et du
potager, qu'il ne reniflât, à croire qu'il suivait le traître à la trace.
Du groin il flairait la terre avec insistance, puis d'une voix terrible
s'écriait : « Boule de Neige ! Il est venu ici ! Mon odorat me le dit ! »
Au nom de Boule de Neige les chiens poussaient des aboiements
à fendre le cœur et montraient les crocs.

Les animaux étaient pétrifiés d'effroi. C'était comme si Boule de
Neige, présence impalpable, toujours à rôder, les menaçait de cent
dangers. Un soir, Brille-Babil les fit venir tous. Le visage anxieux
et tressaillant sur place, il leur dit qu'il avait des nouvelles graves
à leur faire savoir.

« Camarades ! s'écria-t-il en sautillant nerveusement, Boule de
Neige s'est vendu à Frederick, le propriétaire de Pinchfield, qui
complote en ce moment de nous attaquer et d'usurper notre ferme.
C'est Boule de Neige qui doit le guider le moment venu de l'offensive.
Mais il y a pire encore. Nous avions cru la révolte de Boule de Neige
causée par la vanité et l'ambition. Mais nous avions tort, camarades.
Savez-vous quelle était sa raison véritable ? Du premier jour Boule
de Neige était de mèche avec Jones ! Il n'a cessé d'être son agent
secret. Nous en tenons la preuve de documents abandonnés par lui
et que nous venons tout juste de découvrir. À mon sens, camarades,
voilà qui explique bien des choses. N'avons-nous pas vu de nos yeux
comment il tenta – sans succès heureusement – de nous entraîner
dans la défaite et l'anéantissement, lors de la bataille de l'Étable ? »

Les animaux étaient stupéfaits. Pareille scélératesse[2] comparée
à la destruction du moulin, vraiment c'était le comble ! Il leur fallut

---

**1. Investigation** : enquête.
**2. Scélératesse** : perfidie, bassesse, crime.

145 plusieurs minutes pour s'y faire. Ils se rappelaient tous, ou du moins croyaient se rappeler, Boule de Neige chargeant à leur tête à la bataille de l'Étable, les ralliant sans cesse et leur redonnant cœur au ventre, alors même que les plombs de Jones lui écorchaient l'échine. Dès l'abord, ils voyaient mal comment il aurait pu être en 150 même temps du côté de Jones. Même Malabar, qui ne posait guère de questions, demeurait perplexe. Il s'étendit sur le sol, replia sous lui ses jambes de devant, puis, s'étant concentré avec force, énonça ses pensées. Il dit :

« Je ne crois pas ça. À la bataille de l'Étable, Boule de Neige 155 s'est conduit en brave. Et ça, je l'ai vu de mes propres yeux. Et juste après le combat, est-ce qu'on ne l'a pas nommé Héros-Animal, Première Classe ?

– C'est là que nous avons fait fausse route, camarade, reprit Brille-Babil. Car en réalité il essayait de nous conduire à notre perte. 160 C'est ce que nous savons maintenant grâce à ces documents secrets.

– Il a été blessé, quand même, dit Malabar. Tous, nous l'avons vu qui courait en perdant son sang.

– Cela aussi faisait partie de la machination ! s'écria Brille-Babil. Le coup de fusil de Jones n'a fait que l'érafler. Si vous saviez lire, 165 je vous en donnerais la preuve écrite de sa main. Le complot prévoyait qu'au moment critique Boule de Neige donnerait le signal du sauve-qui-peut, abandonnant le terrain à l'ennemi. Et il a failli réussir. Bel et bien, camarades, il *aurait* réussi, n'eût été[1] votre chef héroïque, le camarade Napoléon. Enfin, est-ce que vous l'auriez 170 oublié ? Au moment même où Jones et ses hommes pénétraient dans la cour, Boule de Neige tournait casaque, entraînant nombre d'animaux après lui. Et, au moment où se répandait la panique, alors même que tout semblait perdu, le camarade Napoléon s'élançait en avant au cri de "Mort à l'Humanité !", mordant Jones au mollet. 175 De *cela*, sûrement vous vous rappelez, camarades ? » dit Brille-Babil en frétillant.

----

**1. N'eût été** : s'il n'y avait pas eu.

Entendant le récit de cette scène haute en couleur, les animaux
avaient l'impression de se rappeler. À tout le moins, ils se souvenaient
qu'au moment critique Boule de Neige avait détalé. Mais Malabar,
toujours un peu mal à l'aise, finit par dire :
«Je ne crois pas que Boule de Neige était un traître au commencement. Ce qu'il a fait depuis c'est une autre histoire. Mais je crois
qu'à la bataille de l'Étable il a agi en vrai camarade.»

Brille-Babil, d'un ton ferme et pesant ses mots, dit alors :
«Notre chef, le camarade Napoléon, a déclaré catégoriquement
– catégoriquement, camarades – que Boule de Neige était l'agent
de Jones depuis le début. Oui, et même bien avant que nous ayons
envisagé le soulèvement.

– Ah, c'est autre chose dans ce cas-là, concéda Malabar. Si c'est
le camarade Napoléon qui le dit, ce doit être vrai.

– À la bonne heure, camarade!» s'écria Brille-Babil, non sans
avoir jeté toutefois de ses petits yeux pétillants un regard mauvais
sur Malabar. Sur le point de s'en aller, il se retourna et ajouta d'un
ton solennel : «J'en avertis chacun de vous, il va falloir ouvrir l'œil
et le bon. Car nous avons des raisons de penser que certains agents
secrets de Boule de Neige se cachent parmi nous à l'heure actuelle!»

Quatre jours plus tard en fin d'après-midi, Napoléon donna
ordre à tous les animaux de se rassembler dans la cour. Quand ils
furent tous réunis, il sortit de la maison de la ferme, portant deux
décorations (car récemment il s'était attribué les médailles de Héros-
Animal, Première Classe et Deuxième Classe). Il était entouré de
ses neuf molosses qui grondaient : les animaux en avaient froid
dans le dos, et chacun se tenait tapi en silence, comme en attente
de quelque événement terrible.

Napoléon jeta sur l'assistance un regard dur, puis émit un cri
suraigu. Immédiatement les chiens bondirent en avant, saisissant
quatre cochons par l'oreille et les traînant, glapissants et terrorisés,
aux pieds de Napoléon. Les oreilles des cochons saignaient. Et,
quelques instants, les molosses, ivres de sang, parurent saisis d'une
rage démente. À la stupeur de tous, trois d'entre eux se jetèrent sur

Malabar. Prévenant leur attaque, le cheval frappa l'un d'eux en plein bond et de son sabot le cloua au sol. Le chien hurlait miséricorde. Cependant ses deux congénères, la queue entre les jambes, avaient filé bon train. Malabar interrogeait Napoléon des yeux. Devait-il
215 en finir avec le chien ou lui laisser la vie sauve ? Napoléon parut prendre une expression autre, et d'un ton bref il lui commanda de laisser aller le chien, sur quoi Malabar leva son sabot. Le chien détala, meurtri et hurlant de douleur.

Aussitôt le tumulte s'apaisa. Les quatre cochons restaient sidé-
220 rés et tremblants, et on lisait sur leurs traits le sentiment d'une faute. Napoléon les invita à confesser leurs crimes. C'étaient là les cochons qui avaient protesté quand Napoléon avait aboli l'assem-blée du dimanche. Sans autre forme de procès, ils avouèrent. Oui, ils avaient entretenu des relations secrètes avec Boule de Neige
225 depuis son expulsion. Oui, ils avaient collaboré avec lui à l'effondre-ment du moulin à vent. Et, oui, ils avaient été de connivence pour livrer la Ferme des Animaux à Mr. Frederick. Ils firent encore état de confidences du traître : depuis des années, il était bien l'agent secret de Jones. Leur confession achevée, les chiens, sur-le-champ,
230 les égorgèrent. Alors, d'une voix terrifiante, Napoléon demanda si nul autre animal n'avait à faire des aveux.

Les trois poulets qui avaient mené la sédition[1] dans l'affaire des œufs s'avancèrent, disant que Boule de Neige leur était apparu en rêve. Il les avait incités à désobéir aux ordres de Napoléon. Eux aussi
235 furent massacrés. Puis une oie se présenta : elle avait dérobé six épis de blé à la moisson de l'année précédente et les avait mangés de nuit. Un mouton avait, lui, uriné dans l'abreuvoir – sur les instances de Boule de Neige –, et deux autres moutons avouèrent le meurtre d'un vieux bélier, particulièrement dévoué à Napoléon : alors qu'il
240 avait un rhume de cerveau, ils l'avaient pris en chasse autour d'un feu de bois. Tous furent mis à mort sur-le-champ. Et de cette façon aveux et exécutions se poursuivirent : à la fin ce fut, aux pieds de

---

1. **Sédition** : rébellion.

Napoléon, un amoncellement de cadavres, et l'air était lourd d'une odeur de sang inconnue depuis le bannissement de Jones.

245   Quand on en eut fini, le reste des animaux, cochons et chiens exceptés, s'éloigna en foule furtive[1]. Ils frissonnaient d'horreur, et n'auraient pas pu dire ce qui les bouleversait le plus : la trahison de ceux ayant partie liée avec Boule de Neige, ou la cruauté du châtiment. Dans les anciens jours, de pareilles scènes de carnage

250 avaient bien eu lieu, mais il leur paraissait à tous que c'était pire maintenant qu'elles se produisaient entre eux. Depuis que Jones n'était plus dans les lieux, pas un animal qui en eût tué un autre, fût-ce un simple rat. Ayant gagné le monticule où, à demi achevé, s'élevait le moulin, d'un commun accord les animaux se couchèrent,

255 blottis côte à côte, pour se faire chaud. Il y avait là Douce, Edmée et Benjamin, les vaches et les moutons, et tout un troupeau mêlé d'oies et de poules : tout le monde, somme toute, excepté la chatte qui s'était éclipsée avant même l'ordre de rassemblement. Seul Malabar était demeuré debout, ne tenant pas en place, en se battant

260 les flancs de sa longue queue noire, en poussant de temps à autre un hennissement étonné. À la fin, il dit :

  « Ça me dépasse. Je n'aurais jamais cru à des choses pareilles dans notre ferme. Il doit y avoir de notre faute. La seule solution, à mon avis, c'est de travailler plus dur. À partir d'aujourd'hui, je vais

265 me lever encore une heure plus tôt que d'habitude. »

  Et de son trot pesant il fila vers la carrière. Une fois là, il ramassa coup sur coup deux charretées de pierres qu'avant de se retirer pour la nuit il traîna jusqu'au moulin.

  Les animaux se blottissaient autour de Douce, et ils se taisaient.

270 Du mamelon[2] où ils se tenaient couchés, s'ouvrait une ample vue sur la campagne. La plus grande partie de la Ferme des Animaux était sous leurs yeux – le pâturage tout en longueur jusqu'à la route, le champ de foin, le boqueteau, l'abreuvoir, les labours où le blé vert

---

**1. Furtive** : cherchant à passer inaperçue.
**2. Mamelon** : colline.

poussait dru, et les toits rouges des dépendances d'où des filaments
275 de fumée tourbillonnaient. La transparence d'un soir de printemps.
L'herbe et les haies chargées de bourgeons se doraient aux rayons
obliques du soleil. Jamais la ferme – et ils éprouvaient une sorte
d'étonnement à se rappeler qu'elle était à eux, que chaque pouce
leur appartenait – ne leur avait paru si enviable. Suivant du regard
280 le versant du coteau, les yeux de Douce s'embuaient de larmes.
Eût-elle été à même d'exprimer ses pensées, alors elle aurait dit :
mais ce n'est pas là ce que nous avions entrevu quand, des années
plus tôt, nous avions en tête de renverser l'espèce humaine. Ces
scènes d'épouvante et ces massacres, ce n'était pas ce que nous
285 avions appelé de nos vœux la nuit où Sage l'Ancien avait exalté
en nous[1] l'idée du soulèvement. Elle-même se fût-elle fait une
image du futur, ç'aurait été celle d'une société d'animaux libérés
de la faim et du fouet : ils auraient été tous égaux, chacun aurait
travaillé suivant ses capacités, le fort protégeant le faible, comme
290 elle avait protégé de sa patte la couvée de canetons, cette nuit-là où
Sage l'Ancien avait prononcé son discours. Au lieu de quoi – elle
n'aurait su dire comment c'était arrivé – des temps sont venus
où personne n'ose parler franc, où partout grognent des chiens
féroces, où l'on assiste à des exécutions de camarades dévorés à
295 pleines dents après avoir avoué des crimes affreux. Il ne lui venait
pas la moindre idée de révolte ou de désobéissance. Même alors
elle savait les animaux bien mieux pourvus que du temps de Jones,
et aussi qu'avant tout il fallait prévenir le retour des humains. Quoi
qu'il arrive, elle serait fidèle, travaillerait ferme, exécuterait les
300 ordres, accepterait la mainmise[2] de Napoléon. Quand même, ce
n'était pas pour en arriver là qu'elle et tous les autres avaient espéré
et pris de la peine. Pas pour cela qu'ils avaient bâti le moulin et
bravé les balles de Jones ! Telles étaient ses pensées, même si les
mots ne lui venaient pas.

---

**1. Avait exalté en nous** : nous avait enflammés, enthousiasmés par.
**2. Mainmise** : domination exclusive.

305 À la fin, elle se mit à chanter *Bêtes d'Angleterre*, se disant qu'elle exprimerait ainsi ce que ses propres paroles n'auraient pas su dire. Alors les autres animaux assis autour d'elle reprirent en chœur le chant révolutionnaire, trois fois de suite – mélodieusement, mais avec une lenteur funèbre, comme ils n'avaient jamais fait encore.

310 À peine avaient-ils fini de chanter pour la troisième fois que Brille-Babil, escorté de deux molosses, s'approcha, de l'air de qui a des choses importantes à faire savoir. Il annonça que désormais, en vertu d'un décret spécial du camarade Napoléon, chanter *Bêtes d'Angleterre* était interdit.

315 Les animaux en furent tout décontenancés.

« Pourquoi ? s'exclama Edmée.

– Il n'y a plus lieu, camarade, dit Brille-Babil d'un ton cassant. *Bêtes d'Angleterre*, c'était le chant du Soulèvement. Mais le Soulèvement a réussi. L'exécution des traîtres, cet après-midi, l'a mené à son 320 terme. Au-dehors comme au-dedans l'ennemi est vaincu. Dans *Bêtes d'Angleterre* étaient exprimées nos aspirations à la société meilleure des temps à venir. Or cette société est maintenant instaurée. Il est clair que ce chant n'a plus aucune raison d'être. »

Tout effrayés qu'ils fussent, certains animaux auraient peut-325 être bien protesté, si à cet instant les moutons n'avaient entonné leurs bêlements habituels : *Quatrepattes, oui ! Deuxpattes, non !* Et ils bêlèrent plusieurs minutes durant, et mirent fin à la discussion.

Aussi n'entendit-on plus *Bêtes d'Angleterre*. À la place, Minimus, le poète, composa de nouveaux couplets dont voici le commencement :

330 *Ferme des Animaux, Ferme des Animaux*
*Jamais de mon fait ne te viendront des maux !*

et c'est là ce qu'on chante chaque dimanche matin après le salut au drapeau. Mais les animaux trouvaient que ces paroles et cette musique ne valaient pas *Bêtes d'Angleterre*.

# Arrêt sur lecture 2

# Pour comprendre l'essentiel

### La fin de la démocratie

❶ Les inégalités se creusent entre les cochons et les autres animaux de la ferme. Relevez les détails qui prouvent que les premiers deviennent une classe dirigeante et privilégiée.

❷ Napoléon s'empare du pouvoir. Expliquez comment et prouvez sa mauvaise foi concernant l'affaire du moulin à vent (p. 58-59).

❸ L'opposition à Napoléon est réprimée dans la violence. Citez les trois exemples qui le prouvent, et identifiez les moyens mis en place par ce personnage pour maintenir son autorité.

### La manipulation des masses

❹ Brille-Babil est un orateur habile. Expliquez comment il met son art de la parole au service de la dictature de Napoléon. Montrez que les moutons jouent, à leur façon, un rôle similaire.

❺ Les cochons élaborent toute une propagande pour faire accepter les décisions de Napoléon. Prouvez-le en expliquant comment ils désignent un bouc émissaire, comment ils réécrivent le passé, et comment ils modifient les textes fondateurs de l'Animalisme.

❻ Un véritable culte de la personnalité est créé autour de Napoléon. Dans le chapitre 7, retrouvez les détails prouvant qu'il cherche à être un objet d'admiration pour son peuple.

## Des principes bafoués

❼ Le commerce avec les hommes, proscrit par Sage l'Ancien, devient une nécessité. En vous appuyant sur les chapitres 6 et 7, expliquez comment il s'organise, et détaillez ses conséquences sur le travail des animaux.

❽ Napoléon bafoue le Sixième Commandement de l'Animalisme en faisant exécuter plusieurs animaux considérés comme des traîtres. Dans le chapitre 7 (l. 206-244), relevez les expressions qui soulignent la violence de ces exécutions.

❾ Le rêve de bonheur de Sage l'Ancien est loin d'être réalisé. Expliquez comment les conditions de vie des animaux se détériorent, et dites quels sentiments les habitent à la fin du chapitre 7.

*Rappelez-vous !*

• Avec l'éviction de Boule de Neige, la ferme s'éloigne des rêves égalitaires de Sage l'Ancien et évolue vers un **régime totalitaire**. Le pouvoir est aux mains d'un seul individu, Napoléon, qui prend toutes les décisions sans consulter le peuple, et interdit toute contestation. L'opposition est réprimée dans un bain de sang, et la terreur gagne les animaux.

• Le régime est soutenu par une habile propagande orchestrée par Brille-Babil, qui maîtrise la **rhétorique**: son éloquence, ses raisonnements et sa capacité à jouer sur les sentiments de ses auditeurs lui permettent de faire accepter toutes les décisions de Napoléon aux animaux de la ferme.

# Vers l'oral du Bac

Analyse des lignes 269 à 309, p. 79-81

## ☛ Étudier la détresse des animaux dans cet extrait

## *Conseils pour la lecture à voix haute*

– Ce texte évoque un retour au calme après une scène de carnage. Adoptez un rythme lent pour accompagner cette situation particulière.

– Mettez en valeur par votre lecture les mots qui évoquent la souffrance des animaux, afin de faire sentir la dimension pathétique du texte.

– Distinguez par des tons différents les passages narratifs et les pensées de Douce.

## *Analyse du texte*

### ▰ *Introduction rédigée*

Les animaux ont pris le contrôle de la ferme, mais ce qui devait être une démocratie s'est rapidement transformé en régime totalitaire : depuis l'éviction de Boule de Neige, Napoléon détient l'intégralité du pouvoir, et réprime violemment toute forme d'opposition. Avec l'aide de Brille-Babil, il fait de Boule de Neige un ennemi public et développe une théorie du complot qui le conduit à entreprendre des exécutions sommaires : sous la terreur, certains animaux soupçonnés de trahison avouent des crimes qu'ils n'ont probablement pas commis, et sont sauvagement tués par les molosses de Napoléon. Après le massacre, les animaux se regroupent autour de Douce, effrayés et pleins de désillusions. Nous étudierons leur détresse dans cet extrait : la scène est particulièrement émouvante, et met ainsi en valeur la profonde déception des animaux, notamment celle de Douce. Cependant, le rêve de bonheur persiste.

## ▨ *Analyse guidée*

### I. Une scène émouvante

**a.** Ce passage se caractérise par une tonalité pathétique. Prouvez-le en commentant la position des animaux, les termes qui évoquent leur souffrance, l'émotion que suscite le chant de Douce.

**b.** La beauté de la ferme apaise les animaux après la scène de carnage. Analysez la description des lieux aux lignes 271 à 279 : commentez le lexique, la construction des phrases, le choix des adverbes.

**c.** Le narrateur plonge le lecteur dans les pensées de Douce. Délimitez dans le texte le passage qui livre la réflexion de la jument, identifiez les types de discours rapportés utilisés, et expliquez en quoi ce passage est émouvant.

### II. La profonde déception de Douce

**a.** Douce prend cruellement conscience du divorce entre le rêve de bonheur des animaux et la réalité. Relevez dans les lignes 282 à 295 tout ce qui souligne cette opposition : connecteurs logiques, négations, lexique.

**b.** Les pensées de Douce dénoncent les méfaits de Napoléon. Identifiez-les et commentez ce qui met en valeur la violence de la situation (lexique, construction des phrases).

### III. La persistance du rêve de bonheur

**a.** Douce garde le rêve d'un avenir heureux. Repérez le passage qui évoque sa conception du bonheur, identifiez les valeurs que cette vision met en évidence et montrez que le temps verbal choisi souligne le pessimisme du personnage quant à cet avenir.

**b.** Douce se résigne malgré tout à la situation. En vous penchant sur les lignes 295 à 303, expliquez pourquoi. Identifiez les procédés qui mettent en valeur son indignation contre l'ancien régime et sa résolution de poursuivre l'entreprise d'émancipation commencée par les animaux.

## ▨ *Conclusion rédigée*

Le rêve de bonheur semble nécessaire aux animaux pour surmonter l'horreur de la situation. Leur détresse est émouvante, mais elle permet surtout de dénoncer les horreurs de la tyrannie et de mettre en évidence le mécanisme qui pousse un peuple à accepter l'inacceptable : les animaux sont aveuglés par l'illusion d'être libres et d'avoir choisi leur organisation sociale et politique. Toute idée de révolte est anéantie dans leur esprit car elle est assimilée à une remise en question de leur idéal. La propagande de Napoléon, qui repose sur la crainte du retour de Jones, porte ses fruits : les animaux restent dociles, même s'ils ne sont pas heureux. À travers sa fable, Orwell nous propose une vision très pessimiste de la nature humaine.

# Les trois questions de l'examinateur

**Question 1.** Napoléon s'appuie sur une propagande minutieusement orchestrée. Comment s'organise-t-elle ? À quel type de propagande réelle pouvez-vous comparer cette propagande de fiction ?

**Question 2.** Le rêve de bonheur de Douce se réalise-t-il dans la suite du récit ?

**Question 3.** Lecture d'images Observez l'affiche de l'adaptation du roman et l'image tirée de ce film (➡ images reproduites en début d'ouvrage, au verso de la couverture). Quels personnages et quelle(s) scène(s) du récit reconnaissez-vous ? Selon vous, l'accroche de l'affiche, « You'll laugh and cry a little » (« Vous rirez beaucoup et pleurerez un peu »), peut-elle correspondre au texte d'Orwell ?

## Chapitre 8

Quelques jours plus tard, quand se fut apaisée la terreur causée par les exécutions, certains animaux se rappelèrent – ou du moins crurent se rappeler – ce qu'enjoignait[1] le Sixième Commandement: *Nul animal ne tuera un autre animal.* Et bien que chacun se gardât d'en rien dire à portée d'oreille des cochons ou des chiens, on trouvait que les exécutions s'accordaient mal avec cet énoncé. Douce demanda à Benjamin de lui lire le Sixième Commandement, et quand Benjamin, comme d'habitude, s'y fut refusé, disant qu'il ne se mêlait pas de ces affaires-là, elle se retourna vers Edmée. Edmée le lui lut. Ça disait: *Nul animal ne tuera un autre animal sans raison valable.* Ces trois derniers mots, les animaux, pour une raison ou l'autre, ne se les rappelaient pas, mais ils virent bien que le Sixième Commandement n'avait pas été violé. Il y avait clairement de bonnes raisons de tuer les traîtres qui s'étaient ligués avec Boule de Neige.

Tout le long de cette année-là, ils travaillèrent encore plus dur que l'année précédente. Achever le moulin en temps voulu avec des murs deux fois plus épais qu'auparavant, tout en menant de pair les travaux coutumiers, c'était un labeur écrasant. Certains jours, les animaux avaient l'impression de trimer plus longtemps qu'à l'époque de Jones, sans en être mieux nourris. Le dimanche matin, Brille-Babil, tenant un long ruban de papier dans sa petite patte, leur lisait des colonnes de chiffres. Il en résultait une augmentation marquée dans chaque catégorie de production: deux cents, trois

---

**1. Enjoignait**: ordonnait.

cents ou cinq cents pour cent suivant le cas. Les animaux ne voyaient
25 pas de raison de ne pas prêter foi à ces statistiques – d'autant moins
de raison qu'ils ne se rappelaient plus bien ce qu'il en avait été avant
le Soulèvement. Malgré tout, il y avait des moments où moins de
chiffres et plus à manger leur serait mieux allé.

Tous les ordres leur étaient maintenant transmis par Brille-Babil
30 ou l'un des autres cochons. C'est tout juste si chaque quinzaine
Napoléon se montrait en public, mais alors le cérémonial était
renforcé. À ses chiens s'ajoutait un jeune coq noir et fiérot[1], qui
précédait le chef, faisait office de trompette, et, avant qu'il ne prît
la parole, poussait un cocorico ardent. On disait que Napoléon
35 avait un statut propre jusque dans la maison où il avait ses appartements privés. Servi par deux chiens, il prenait ses repas seul dans le
service de porcelaine de Derby[2] frappé d'une couronne, autrefois
exposé dans l'argentier du salon. Enfin il fut entendu qu'une salve
de carabine serait tirée pour commémorer sa naissance – tout de
40 même que les deux autres jours anniversaires.

Napoléon n'était plus jamais désigné par un seul patronyme.
Toujours on se référait à lui en langage de protocole : « Notre chef,
le camarade Napoléon ». De plus, les cochons se plaisaient à lui
attribuer des titres tels que Père de tous les Animaux, Terreur du
45 Genre Humain, Protecteur de la Bergerie, Ami des Canetons, ainsi
de suite. Dans ses discours, Brille-Babil exaltait la sagesse de Napoléon et sa bonté de cœur, son indicible amour des animaux de
tous les pays, même et en particulier celui qu'il portait aux infortunés[3] des autres fermes, encore dans l'ignorance et l'esclavage.
50 C'était devenu l'habitude de rendre honneur à Napoléon de tout
accomplissement heureux et hasard propice. Aussi entendait-on
fréquemment une poule déclarer à une autre commère[4] poule :

---

**1. Fiérot** : fier (familier).
**2. Porcelaine de Derby** : porcelaine fabriquée dans la ville de Derby, dans le centre
de l'Angleterre, dont la marque de fabrique est dotée d'une couronne.
**3. Infortunés** : malheureux, malchanceux.
**4. Commère** : camarade.

«Sous la conduite éclairée du camarade Napoléon, notre chef, en
six jours j'ai pondu cinq œufs.» Ou encore c'étaient deux vaches
55  à l'abreuvoir, s'exclamant: «Grâces soient rendues aux lumières
du camarade Napoléon, car cette eau a un goût excellent!» Le
sentiment général fut bien exprimé dans un poème de Minimus,
dit *Camarade Napoléon*:

> *Tuteur de l'orphelin*
60 > *Fontaine de bonheur*
> *Calme esprit souverain*
> *Seigneur de la pâtée le feu de ton regard*
> *Se penche créateur*
> *Soleil dans notre ciel, source de réflexion*
65 > *Ô Camarade Napoléon!*
>
> *Ô grand dispensateur*[1]
> *De tout ce que l'on aime*
> *Ô divin créateur*
> *Pourvoyeur*[2] *du petit et maître en tous arts*
70 > *Oui chaque bête même*
> *Chaque bête te doit foin sec et ventre bon*
> *Ô Camarade Napoléon!*
>
> *Même un petit cochon*
> *Pas plus qu'enfantelet*[3]
75 > *Dans sa contemplation*
> *Il lui faudra savoir que sous ton étendard*
> *Chaque bête se tait*
> *Et que son premier cri dira ton horizon*
> *Ô Camarade Napoléon!*

---

1. **Dispensateur**: distributeur.
2. **Pourvoyeur**: fournisseur.
3. **Enfantelet**: petit enfant.

80     Napoléon donna son approbation au poème qu'il fit inscrire sur le mur de la grange, en face des Sept Commandements. En frontispice son effigie[1] de profil fut peinte par Brille-Babil à la peinture blanche.

    Entre-temps, Napoléon était, par le truchement de Whymper,
85 entré en négociations compliquées avec Frederick et Pilkington. Le bois de charpente n'était toujours pas vendu. Frederick, le plus désireux de s'en rendre acquéreur, n'offrait pas un prix raisonnable. Simultanément la rumeur se répandit de nouveau d'une offensive de Frederick et de ses hommes contre la Ferme des Animaux. Il
90 jetterait bas le moulin dont l'édification avait soulevé chez lui une jalousie effrénée. On savait que Boule de Neige rôdait toujours à la ferme de Pinchfield. Au cœur de l'été, les animaux en grand émoi apprirent que trois poules avaient spontanément avoué leur participation à un complot de Boule de Neige en vue d'assassiner
95 Napoléon. Elles furent exécutées sans délai et de nouvelles précautions furent prises pour la sécurité du chef. La nuit quatre chiens montèrent la garde autour de son lit, un à chaque coin, et à un petit goret du nom de Œil Rose fut confiée la charge de goûter sa nourriture, de peur d'un empoisonnement.

100     Vers ce temps-là, il fut annoncé que Napoléon avait pris la décision de vendre le bois à Mr. Pilkington. Il était aussi sur le point de passer accord avec la ferme de Foxwood en vue d'échanges réguliers. Les relations entre Napoléon et Pilkington, quoique uniquement menées par Whymper, en étaient devenues presque cordiales. Les
105 animaux se méfiaient de Pilkington, en tant qu'humain, mais le préféraient franchement à Frederick, qu'à la fois ils redoutaient et haïssaient. L'été s'avançant et la construction du moulin touchant à sa fin, les bruits se firent de plus en plus insistants d'une attaque perfide, déclenchée d'un moment à l'autre. Frederick, disait-on,
110 se proposait de lancer contre la Ferme des Animaux une vingtaine

---

1. **Frontispice** : façade ; **effigie** : portrait.

d'individus armés de fusils. Déjà il avait soudoyé[1] les hommes de loi et la police, de façon qu'une fois en possession des titres de propriété ceux-ci ne soient plus remis en cause. Qui plus est, des histoires épouvantables circulaient sur le traitement cruel infligé à des animaux par ce Frederick : il avait fouetté un vieux cheval jusqu'à ce que mort s'ensuive, laissait ses vaches mourir de faim, avait jeté un de ses chiens dans la chaudière, se divertissait le soir à des combats de coqs (les combattants avaient des éclats de lames de rasoir fixés aux ergots[2]). Au récit d'atrocités pareilles, le sang des animaux ne faisait qu'un tour, et il leur arriva de clamer leur désir d'être autorisés à marcher sur Pinchfield pour en chasser les humains et délivrer les animaux. Mais Brille-Babil leur conseilla d'éviter toute action téméraire et de s'en remettre à la stratégie du camarade Napoléon.

Malgré tout, une âcre animosité[3] contre Frederick persistait. Un dimanche matin, Napoléon se rendit dans la grange pour expliquer qu'il n'avait à aucun moment envisagé de lui vendre le chargement de bois. Il y allait de sa dignité, expliqua-t-il, de ne jamais entretenir de relations avec des gredins pareils. Les pigeons, toujours chargés de répandre à l'extérieur les nouvelles du Soulèvement, reçurent l'interdiction de toucher terre en un point quelconque de Foxwood, et il leur fut ordonné de substituer au mot d'ordre initial, « Mort à l'Humanité ! », celui de « Mort à Frederick ! ». Vers la fin de l'été, une nouvelle machination de Boule de Neige fut démasquée. Les mauvaises herbes avaient envahi les blés, et l'on s'aperçut que, lors d'une de ses incursions nocturnes, Boule de Neige avait semé l'ivraie[4] dans le bon grain. Un jars[5] dans le secret du complot confessa sa faute à Brille-Babil, puis aussitôt se suicida

---

1. **Soudoyé** : corrompu.
2. **Ergots** : petites pointes osseuses situées sur les pattes des volailles.
3. **Âcre animosité** : malveillance agressive.
4. **Ivraie** : mauvais grain.
5. **Jars** : oie mâle.

en avalant des baies de belladone[1]. Les animaux apprirent encore
140  qu'à Boule de Neige – au rebours[2] de ce que nombre d'entre eux
avaient cru jusque-là – n'avait jamais été conférée la distinction de
Héros-Animal, Première Classe. C'était là pure légende propagée
par Boule de Neige lui-même à quelque temps de la bataille de
l'Étable. Loin qu'il ait été décoré, il avait été blâmé pour sa couar-
145  dise[3] au combat. Cette nouvelle-là, comme d'autres avant elle, laissa
les animaux abasourdis, mais bientôt Brille-Babil sut les convaincre
que leur mémoire était en défaut.

À l'automne, au prix d'un effort harassant et qui tenait du pro-
dige (car presque en même temps il avait fallu rentrer la moisson),
150  le moulin à vent fut achevé. Si manquaient les moyens mécaniques
de son fonctionnement, dont Whymper négociait l'achat, le corps
de l'édifice existait. Au défi de tous les obstacles, malgré le manque
d'expérience et les moyens primitifs à leur disposition, et la mal-
chance, et la perfidie de Boule de Neige, l'ouvrage était debout au
155  jour dit. Épuisés mais fiers, les animaux faisaient à n'en plus finir
le tour de leur chef-d'œuvre, encore plus beau à leurs yeux que
la première fois. De plus, les murs étaient deux fois plus épais, et
rien désormais, rien ne pourrait plus anéantir le moulin, qu'une
charge d'explosifs. Et repensant à la peine qu'ils avaient prise, aux
160  périodes de découragement surmontées, et à la vie tellement diffé-
rente qui serait la leur quand les ailes tourneraient et les dynamos
fonctionneraient – à la pensée de toutes ces choses, leur lassitude
céda et ils se mirent à cabrioler autour de leur œuvre, poussant des
cris de triomphe. Napoléon lui-même, accompagné de ses chiens
165  et de son jeune coq, se rendit sur les lieux, en personne félicita
les animaux de leur réussite, et fit connaître que le moulin serait
nommé Moulin Napoléon.

Deux jours plus tard les animaux furent convoqués à la grange
en séance extraordinaire. Ils restèrent bouche bée quand Napoléon

---

**1. Belladone** : plante contenant un poison violent.
**2. Au rebours** : au contraire.
**3. Couardise** : lâcheté.

170 annonça qu'il avait vendu le chargement de bois à Frederick : dès le
lendemain, celui-ci se présenterait avec ses camions pour prendre
livraison de la marchandise. Ainsi, pendant la période de son amitié
prétendue avec Pilkington, Napoléon avait entretenu avec Frederick
les relations secrètes qui menaient à cet accord.

175 Toutes les relations avec Foxwood avaient été rompues et des
messages injurieux adressés à Pilkington. Les pigeons avaient pour
consigne d'éviter la ferme de Pinchfield et de retourner le mot
d'ordre : « Mort à Frederick ! » devenait « Mort à Pilkington ! ».

En même temps, Napoléon assura les animaux que les menaces
180 d'une attaque imminente contre la Ferme des Animaux étaient sans
fondement aucun. Quant aux contes sur la cruauté de Frederick
envers ses bêtes, c'était très exagéré. De telles fables devaient trouver
leur origine dans la malfaisance de Boule de Neige et de ses agents.
Et pour Boule de Neige lui-même : il y avait maintenant tout lieu
185 de croire qu'il ne s'était pas réfugié à la ferme de Pinchfield ; en
vérité, il n'y était jamais allé. Depuis des années il vivait à Foxwood
– dans l'opulence, disait-on –, à la solde de Pilkington.

Les cochons béaient[1] d'admiration devant tant de fine astuce
chez Napoléon. Feignant d'être l'ami de Pilkington, il avait contraint
190 Frederick à renchérir de douze livres[2] sur son offre initiale. Et ce
qui faisait de Napoléon un cerveau d'exception, c'était, dit Brille-
Babil, qu'il ne faisait confiance à personne, pas même à Frederick.
Celui-ci avait voulu payer le bois au moyen d'un chèque – soit pas
plus, à ce qu'il semblait, qu'une promesse d'argent écrite sur un
195 bout de papier. Or Napoléon, des deux, était le plus malin. Il avait
exigé un versement en billets de cinq livres, à lui remettre avant
l'enlèvement de la marchandise ; et Frederick avait déjà payé, et le
montant de la somme se trouvait suffire à l'achat de la machinerie
du moulin.

---

1. **Béaient** : demeuraient bouche bée, bouche ouverte.
2. **Livres** : monnaie anglaise.

200 Frederick avait promptement pris livraison du bois, et, l'opération achevée, une autre réunion fut tenue dans la grange où les animaux purent examiner de près les billets de banque. Portant ses deux décorations, Napoléon, sur l'estrade, reposait sur un lit de paille, souriant aux anges, l'argent à côté de lui, soigneusement
205 empilé sur un plat de porcelaine de Chine provenant de la cuisine. Les animaux défilèrent avec lenteur, n'en croyant pas leurs yeux. Et Malabar, du museau, renifla les billets, et sous son souffle on les vit bruire et frémir.

Trois jours plus tard, ce fut un hourvari[1] sans nom. Whymper,
210 les traits livides, remonta le sentier sur sa bicyclette, s'en débarrassa précipitamment dans la cour, puis courut droit à la maison. L'instant d'après, on perçut, venus des appartements de Napoléon, des cris de rage mal étouffés. La nouvelle de ce qui s'était passé se répandit comme une traînée de poudre : les billets de banque étaient faux !
215 Frederick avait acquis le bois sans bourse délier !

Napoléon rassembla les animaux sur-le-champ, et d'une voix terrible prononça la condamnation à mort. Une fois Frederick entre nos pattes, dit-il, nous le ferons bouillir à petit feu. Et du même coup il les avertit qu'après cet acte de trahison le pire était à redouter. À
220 tout instant, Frederick et ses gens pourraient bien lancer l'attaque si longtemps attendue. Des sentinelles furent disposées sur toutes les voies d'accès à la ferme. Quatre pigeons furent dépêchés vers Foxwood, porteurs d'un message de conciliation, car on espérait rétablir des relations de bon voisinage.

225 L'attaque eut lieu dès le lendemain matin. Les animaux prenaient leur premier repas quand les guetteurs firent irruption, annonçant que Frederick et ses partisans avaient déjà franchi la clôture aux cinq barreaux. Crânement[2], les animaux se portèrent à leur rencontre, mais cette fois la victoire ne fut pas aussi facile qu'à la bataille de
230 l'Étable. Les hommes, une quinzaine, étaient armés de six fusils, et

---

**1. Hourvari** : tumulte.
**2. Crânement** : bravement.

quand les animaux furent à cinquante mètres ils ouvrirent le feu.
Les défenseurs, ne pouvant faire face aux explosions épouvantables
et aux cuisantes brûlures des plombs, reculèrent, malgré les efforts
de Napoléon et de Malabar pour les rameuter. Un certain nombre
235  d'entre eux étaient blessés déjà. Alors les animaux se replièrent sur
les dépendances de la ferme, épiant l'ennemi par les fentes et fissures
des portes. Tout le grand herbage[1], moulin compris, était tombé
aux mains des assaillants. À ce moment, même Napoléon avait l'air
désemparé. Sans un mot il faisait les cent pas, nerveux, la queue
240  raidie. Il avait pour la ferme de Foxwood des regards nostalgiques.
Ah, si Pilkington et les siens venaient leur prêter main-forte, ils
pourraient encore l'emporter! Or à cet instant les quatre pigeons
envoyés en mission la veille revinrent, l'un d'eux avec un billet
griffonné au crayon par Pilkington et disant: «Ça vous apprendra!»
245      Cependant Frederick et ses gens avaient fait halte auprès du
moulin. Un murmure de consternation parcourut les animaux qui
les regardaient faire. Car deux hommes avaient brandi une masse et
une barre servant de levier. Ils s'apprêtaient à faire sauter le moulin.
     «Ils n'ont aucune chance! s'écria Napoléon. Nos murs sont bien
250  trop épais. En une semaine ils n'y parviendraient pas. Courage,
camarades!»
     Mais Benjamin regardait faire les deux hommes avec une attention
soutenue. Avec la masse et la barre ils perçaient un trou à la base
du moulin. Lentement, comme si la scène l'eût amusé, Benjamin
255  hocha de son long museau:
     «Je m'en doutais, dit-il. Vous ne voyez pas ce qu'ils font? Encore
un instant et ils vont enfoncer leur explosif dans l'ouverture.»
     Les animaux attendaient, terrifiés. Et comment auraient-ils pu
s'aventurer à découvert? Mais bientôt on vit les hommes s'égailler
260  de tous côtés. Puis un grondement assourdissant. Les pigeons, là-
haut, tourbillonnaient.

---

1.  **Herbage**: pré.

Tous les autres animaux, Napoléon excepté, se tenaient à terre, la tête cachée. Quand ils se relevèrent, un énorme nuage de fumée noire planait sur le lieu où le moulin s'était élevé. Lentement la brise dissipa la nuée. Le moulin avait cessé d'être.

265

Voyant cela, les animaux reprennent courage. La peur et le désespoir éprouvés quelques instants plus tôt cèdent devant leur rage contre tant de vilenie. Une immense clameur de vengeance s'élève, et sans attendre les ordres ils se jettent en masse droit sur l'ennemi. Et c'est comme si leur sont de rien les plombs[1] qui, drus comme grêle, s'abattent alentour.

270

C'est une lutte âpre et sauvage, les hommes lâchant salve sur salve, puis, quand les animaux les serrent de près, les harcelant de leurs gourdins et de leurs lourdes bottes. Une vache, trois moutons et deux oies périssent, et presque tous sont blessés. Napoléon lui-même, qui de l'arrière dirige les opérations, voit sa queue lacérée par un plomb. Mais les hommes non plus ne s'en tirent pas indemnes. À coups de sabot, Malabar fracasse trois têtes. Un autre assaillant est éventré par une vache, un autre encore a le pantalon mis à mal par les chiennes Constance et Fleur. Et quand Napoléon lâche les neuf molosses de sa garde, leur ayant enjoint[2] de tourner l'ennemi sous couvert de la haie, les hommes, les apercevant sur leur flanc, et entendant leurs aboiements féroces, sont pris de panique. Ils se voient en danger d'être encerclés. Frederick crie à ses hommes de détaler pendant qu'il en est temps, et dans l'instant voilà les lâches qui prennent le large. C'est un sauve-qui-peut, un sauve-ta-peau.

275

280

285

Alors les animaux prennent les hommes en chasse. Ils les traquent jusqu'au bas du champ. Et là, les voyant se faufiler à travers la haie, ils les obligent d'encore quelques ruades.

290

Vainqueurs, mais à bout de forces et couverts de sang, c'est clopin-clopant qu'ils regagnèrent la ferme. Voyant l'herbe jonchée de leurs camarades morts, certains d'entre eux pleuraient. Quelques

---

**1. Comme si leur sont de rien les plombs**: comme si les plombs ne les gênaient pas.
**2. Enjoint**: ordonné.

instants, ils se recueillirent, affligés, devant le lieu où s'était élevé le
moulin. Oh, il n'y avait plus de moulin, et les derniers vestiges de
295 leur ouvrage étaient presque effacés. Même les fondations étaient en
partie détruites. Et pour le reconstruire, cette fois ils ne pourraient
plus se servir des pierres fracassées au sol, car elles aussi avaient
disparu. La violence de la déflagration les avait projetées à des centaines de mètres. Et c'était comme si le moulin n'avait jamais été.

300 Comme ils approchaient de la ferme, Brille-Babil, qu'inexplica-
blement on n'avait pas vu au combat, vint au-devant d'eux, sautillant
et trémoussant de la queue, l'air ravi. Et les animaux perçurent,
venu des dépendances, retentissant et solennel, un coup de feu.

« Qu'est-ce que c'est, ce coup de fusil ? dit Malabar.
305 – C'est pour célébrer la victoire ! s'exclama Brille-Babil.

– Quelle victoire ? demanda Malabar. Ses genoux étaient en sang,
il avait perdu un fer et écorché son sabot. Une dizaine de plombs
s'étaient logés dans sa jambe de derrière.

– Quelle victoire, camarade ? reprit Brille-Babil. N'avons-nous pas
310 chassé l'ennemi de notre sol – le sol sacré de la Ferme des Animaux ?

– Mais ils ont détruit le moulin. Et deux ans nous y avions travaillé.

– Et alors ? Nous en bâtirons un autre, et nous en bâtirons six si
cela nous chaut[1]. Camarade, tu n'estimes pas nos prouesses à leur
aune[2]. L'ennemi foulait aux pieds notre sol même, et voici que
315 – grâces en soient rendues au camarade Napoléon, à ses qualités
de chef – nous en avons reconquis jusqu'au dernier pouce.

– Alors nous avons repris ce que nous avions déjà, dit Malabar.

– C'est bien là notre victoire », repartit Brille-Babil.

Ils entrèrent tout clopinant dans la cour. La patte de Malabar
320 lui cuisait[3] douloureusement, là où les plombs s'étaient fichés sous
la peau. Il entrevoyait quel lourd labeur exigerait la reconstruction
du moulin à partir des fondations. Et déjà, à la pensée de cette
tâche, en esprit il se revigorait. Mais pour la première fois il lui vint

---

**1. Si cela nous chaut** : si nous le désirons.
**2. À leur aune** : à leur juste mesure.
**3. Lui cuisait** : le faisait souffrir.

qu'il avait maintenant onze ans d'âge, et que peut-être ses muscles
325 n'avaient pas la même force que dans le temps.

Lorsque les animaux virent flotter le drapeau vert, et enten-
dirent qu'on tirait le fusil de nouveau – sept fois en tout –, et quand
enfin Napoléon les félicita de leur courage, alors il leur sembla
qu'ils avaient, après tout, remporté une grande victoire. Aux bêtes
330 massacrées au combat on fit des funérailles solennelles. Malabar et
Douce s'attelèrent au chariot qui tint lieu de corbillard, et Napoléon en personne conduisit le cortège. Et deux grands jours furent
consacrés aux célébrations. Ce furent chants et discours, et encore
d'autres salves de fusil, et par faveur spéciale chaque animal reçut
335 une pomme. En outre, les volatiles eurent droit à deux onces de
blé, et les chiens à trois biscuits. Il fut proclamé que la bataille
porterait le nom de bataille du Moulin à Vent, et l'on apprit que
Napoléon avait pour la circonstance créé une décoration nouvelle :
l'Ordre de la Bannière Verte, qu'il s'était conférée[1] à lui-même. Et
340 au cœur de ces réjouissances fut oubliée la regrettable affaire des
billets de banque.

À quelques jours de là, les cochons tombèrent par hasard sur
une caisse de whisky oubliée dans les caves. Personne n'y avait prêté
attention en prenant possession des locaux ; cette même nuit, on
345 entendit, venues de la maison, des chansons braillées à tue-tête et
auxquelles se mêlaient, à la surprise générale, les accents de *Bêtes
d'Angleterre*. Sur les neuf heures et demie, on reconnut distincte-
ment Napoléon, le chef coiffé d'un vieux melon[2] ayant appartenu
à Jones, qui surgissait par la porte de l'office, galopait à travers la
350 cour, puis s'engouffrait de nouveau à l'intérieur. Le lendemain,
un lourd silence pesa sur la Ferme des Animaux, et pas un cochon
qui donnât signe de vie. On allait sur les neuf heures quand Brille-
Babil fit son apparition, l'air incertain, et l'allure déjetée[3], l'œil
terne, la queue pendante et flasque, enfin faisant pitié. Il doit être

1. **Conférée** : attribuée.
2. **Melon** : chapeau arrondi.
3. **Déjetée** : en désordre.

355 gravement malade, se disait-on. Mais bientôt il rassembla les animaux
pour leur faire part d'une nouvelle épouvantable. Le camarade
Napoléon se mourait !

Ce ne furent que lamentations. On couvrit de paille le seuil des
portes et les animaux allaient sur la pointe des pattes. Les larmes aux
360 yeux, ils se demandaient les uns les autres ce qu'ils allaient faire si
le chef leur était enlevé. Une rumeur se répandit : Boule de Neige
avait réussi à glisser du poison dans sa nourriture. À onze heures
Brille-Babil revint avec d'autres nouvelles. Napoléon avait arrêté
son ultime décision ici-bas, punissant de mort tout un chacun pris
365 à ingurgiter de l'alcool.

Dans la soirée, il apparut que Napoléon avait repris du poil
de la bête, et le lendemain matin Brille-Babil rapporta qu'il était
hors de danger. Au soir de ce jour-là il se remit au travail, et le
jour suivant on apprit qu'il avait donné instruction à Whymper de
370 se procurer à Willingdon des opuscules[1] expliquant comment se
distille et fabrique la bière. Une semaine plus tard il ordonnait de
labourer le petit enclos attenant au verger primitivement réservé
aux animaux devenus inaptes au travail. On en donna pour raison le
mauvais état du pâturage et le besoin de l'ensemencer à neuf. Mais,
375 on le sut bientôt, c'était de l'orge[2] que Napoléon désirait y planter.

Vers ce temps-là, survint un incident bizarre dont le sens échappa
à presque tout le monde – un fracas affreux dans la cour vers les
minuit. Les animaux se ruèrent dehors où c'était le clair de lune. Au
pied du mur de la grange, là où étaient inscrits les Sept Comman-
380 dements, ils virent une échelle brisée en deux, et à côté Brille-Babil
étendu sur le ventre, paraissant avoir perdu connaissance. Autour de
lui s'étaient éparpillés une lanterne, une brosse et un pot renversé
de peinture blanche. Tout aussitôt les chiens firent cercle autour
de la victime et, dès qu'elle fut à même de marcher, sous escorte la
385 ramenèrent au logis. Aucun des autres animaux n'avait la moindre

---

**1. Opuscules** : fascicules.
**2. Orge** : céréale utilisée pour la fabrication de la bière.

idée de ce que cela pouvait vouloir dire, sauf le vieux Benjamin qui d'un air entendu hochait le museau, quoique décidé à se taire.

Quelques jours plus tard, la chèvre Edmée, en train de déchiffrer les Sept Commandements, s'aperçut qu'il en était encore un autre 390 que les animaux avaient compris de travers. Ils avaient toujours cru que le Cinquième Commandement énonçait: *Aucun animal ne boira d'alcool.* Or deux mots leur avaient échappé. De fait, le commandement disait: *Aucun animal ne boira d'alcool à l'excès.*

Le sabot fendu de Malabar fut long à guérir. La reconstruction du moulin avait commencé dès la fin des fêtes de la victoire. Malabar refusa de prendre un seul jour de repos, et il se faisait un point d'honneur de ne pas montrer qu'il souffrait. Le soir, il avouait à Douce, en confidence, que son sabot lui faisait mal, et Douce lui posait des cataplasmes[1] de plantes qu'elle préparait en les mâchonnant. Benjamin se joignait à elle pour l'exhorter[2] à prendre moins de peine. Elle lui disait : « Les bronches d'un cheval ne sont pas éternelles. » Mais Malabar ne voulait rien entendre. Il n'avait plus, disait-il, qu'une seule vraie ambition : voir la construction du moulin bien avancée avant qu'il n'atteigne l'âge de la retraite.

Dans les premiers temps, quand avaient été énoncées les lois de la Ferme des Animaux, l'âge de la retraite avait été arrêté à douze ans pour les chevaux et les cochons, quatorze pour les vaches, sept pour les moutons, cinq pour les poules et les oies. On s'était mis d'accord sur une estimation libérale du montant des pensions[3]. Pourtant aucun animal n'avait encore bénéficié de ces avantages, mais maintenant le sujet était de plus en plus souvent débattu. Depuis que le clos attenant au verger avait été réservé à la culture de l'orge, le bruit courait qu'une parcelle du grand herbage serait

---

**1. Cataplasmes** : bouillies médicamenteuses appliquées sur le corps pour soigner des inflammations.
**2. Exhorter** : inciter.
**3. Une estimation libérale du montant des pensions** : une estimation généreuse du montant des sommes versées pour les retraites.

clôturée et convertie en pâturage pour les animaux à la retraite.
Pour un cheval on évaluait la pension à cinq livres de grain et, en
hiver, quinze livres de foin, plus, aux jours fériés, une carotte, ou
une pomme peut-être. Le douzième anniversaire de Malabar tombait
l'été de l'année suivante.

Mais, en attendant, la vie dure. L'hiver fut aussi rigoureux que
le précédent, et les portions encore plus réduites – sauf pour les
cochons et les chiens. Une trop stricte égalité des rations, expliquait
Brille-Babil, eût été contraire aux principes de l'Animalisme. De
toute façon il n'avait pas de mal à prouver aux autres animaux que,
en dépit des apparences, il n'y avait pas pénurie de fourrage. Pour
le moment, il était apparu nécessaire de procéder à un réajustement
des rations (Brille-Babil parlait toujours d'un réajustement, jamais
d'une réduction), mais l'amélioration était manifeste à qui se rappelait le temps de Jones. D'une voix pointue et d'un débit rapide,
Brille-Babil accumulait les chiffres, lesquels prouvaient par le détail :
une consommation accrue en avoine, foin et navets ; une réduction
du temps de travail ; un progrès en longévité ; une mortalité infantile
en régression. En outre, l'eau était plus pure, la paille plus douce au
sommeil, on était moins dévoré par les puces. Et tous l'en croyaient
sur parole. À la vérité, Jones avec tout ce qu'il avait représenté ne
leur rappelait plus grand-chose. Ils savaient bien la rudesse de leur
vie à présent, et que souvent ils avaient faim et souvent froid, et
qu'en dehors des heures de sommeil le plus souvent ils étaient à
trimer. Mais sans doute ç'avait été pire dans les anciens temps, ils
étaient contents de le croire. En outre, ils étaient esclaves alors,
mais maintenant ils étaient libres, ce qui changeait tout, ainsi que
Brille-Babil ne manquait jamais de le souligner.

Il y avait bien plus de bouches à nourrir désormais. À l'automne
les quatre truies avaient mis bas presque en même temps, d'où, à
elles toutes, trente et un nouveau-nés. Comme c'étaient des porcelets pie[1] et que Napoléon était le mâle en chef, on pouvait sans

----

1. **Pie** : au pelage bicolore (généralement noir et blanc).

trop de peine établir leur parenté. Il fut annoncé que plus tard, une fois briques et bois de charpente à pied d'œuvre, on construirait
55 une école dans le potager. Pour le moment, Napoléon avait pris sur lui-même d'enseigner les jeunes gorets dans la cuisine, et ils s'amusaient et prenaient de l'exercice dans le jardin attenant à la maison. On les détournait de se mêler aux jeux des autres animaux. Vers ce temps-là fut posé en principe que tout animal trouvant un
60 cochon sur son chemin aurait à lui céder le pas. De plus, tous les cochons, quel que fût leur rang, jouiraient du privilège d'être vus, le dimanche, un ruban vert à la queue.

L'année à la ferme avait été assez bonne, mais on était encore à court d'argent. Il fallait se procurer les briques, le sable et la chaux[1]
65 pour l'école, et pour acquérir la machinerie du moulin on devrait de nouveau économiser. Et il y avait l'huile des lampes et les bougies pour la maison, le sucre pour la table de Napoléon (qu'il avait interdit aux autres cochons, disant que ça engraisse), et en outre les réapprovisionnements ordinaires : outils, clous, ficelle, charbon, fil
70 de fer, ferraille et biscuits de chiens. On vendit une part de la récolte de pommes de terre et un peu de foin, et pour les œufs le contrat de vente fut porté à six cents par semaine. De la sorte, c'est à peine si les poules couvèrent assez de petits pour maintenir au complet leur effectif. Une première fois réduites en décembre, les rations
75 le furent encore en février, et, pour épargner l'huile, l'usage des lanternes à l'étable et à l'écurie fut prohibé. Mais les cochons avaient encore la vie belle, apparemment, prenant même de l'embonpoint. Un après-midi de fin février, un riche et appétissant relent[2], tel que jamais les animaux n'en avaient humé de pareil, flotta dans la
80 cour. Il filtrait de la petite brasserie située derrière la cuisine, que Jones avait laissée à l'abandon. Quelqu'un avança l'opinion qu'on faisait bouillir de l'orge. Les animaux reniflaient l'air avidement, et ils se demandaient si peut-être ils auraient un brouet[3] chaud pour

---

1. **Chaux** : enduit calcaire utilisé en construction.
2. **Relent** : odeur.
3. **Brouet** : bouillon.

leur souper. Mais il n'y eut pas de brouet chaud, et le dimanche
85  suivant on fit connaître que dorénavant tout l'orge serait réservé
aux cochons. Le champ derrière le verger en avait été semé déjà,
et la nouvelle transpira bientôt : tout cochon toucherait sa ration
quotidienne de bière, une pinte[1] pour le commun d'entre eux, et
pour Napoléon dix, servies dans la soupière de porcelaine de Derby,
90  marquée d'une couronne.

S'il fallait souffrir bien des épreuves, on en était en partie dédom-
magé car on vivait bien plus dignement qu'autrefois. Et il y avait
plus de chants, plus de discours, plus de défilés. Napoléon avait
ordonné une Manifestation Spontanée hebdomadaire, avec pour
95  objet de célébrer les luttes et triomphes de la Ferme des Animaux.
À l'heure convenue, tous quittaient le travail, et marchaient au pas
cadencé, autour du domaine, une-deux, une-deux, et en formation
militaire. Les cochons allaient devant, puis c'étaient, dans l'ordre,
les chevaux, les vaches, les moutons, enfin la menue volaille. Les
100 chiens se tenaient en serre-file. Tout en tête du cortège avançait le
petit coq noir. À eux deux Malabar et Douce portaient haut une
bannière verte frappée de la corne et du sabot, avec cette inscrip-
tion : « Vive le camarade Napoléon ! » Après quoi étaient récités des
poèmes en l'honneur de Napoléon, puis Brille-Babil prononçait un
105 discours nourri des dernières nouvelles faisant état d'une production
accrue en biens de consommation, et de temps en temps on tirait
un coup de fusil. À ces Manifestations Spontanées, les moutons
prenaient part avec une ferveur inégalée. Quelque animal venait-il
à se plaindre (comme il arrivait à des audacieux, loin des cochons
110 et des chiens) que tout cela était perte de temps et qu'ils faisaient le
pied de grue dans le froid, les moutons chaque fois leur imposaient
silence, de leurs bêlements formidables entonnant le mot d'ordre :
*Quatrepattes, oui ! Deuxpattes, non !* Mais, à tout prendre, les animaux
trouvaient plaisir à ces célébrations. Ils étaient confortés dans l'idée
115 d'être leurs propres maîtres, après tout, et ainsi d'œuvrer à leur

---

1. **Pinte** : unité de mesure du volume des liquides (1 pinte équivaut à 1 demi-litre).

propre bien. Ainsi, grâce aux chants et défilés, et aux chiffres et sommes de Brille-Babil, et au fusil qui tonne et aux cocoricos du coquelet et au drapeau au vent, ils pouvaient oublier, un temps, qu'ils avaient le ventre creux.

120 En avril, la Ferme des Animaux fut proclamée République et l'on dut élire un président. Il n'y eut qu'un candidat, Napoléon, qui fut unanimement plébiscité[1]. Ce même jour, on apprit que la collusion[2] de Boule de Neige avec Jones était étayée[3] sur des preuves nouvelles. Lors de la bataille de l'Étable, Boule de Neige ne s'en
125 était pas tenu, comme les animaux l'avaient cru d'abord, à tenter de les conduire à leur perte au moyen d'un stratagème. Non, Boule de Neige avait ouvertement combattu dans les rangs de Jones. De fait, c'était lui qui avait pris la tête des forces humaines, et il était monté à l'assaut au cri de «Vive l'Humanité!». Et ces blessures à
130 l'échine que quelques animaux se rappelaient lui avoir vues, elles lui avaient été infligées des dents de Napoléon.

Au cœur de l'été, le corbeau Moïse refit soudain apparition après des années d'absence. Et c'était toujours le même oiseau: n'en fichant pas une rame, et chantant les louanges de la Montagne de
135 Sucrecandi, tout comme aux temps du bon temps. Il se perchait sur une souche, et battait des ailes, qu'il avait noires, et des heures durant il palabrait à la cantonade[4]. «Là-haut, camarades – affirmait-il d'un ton solennel, en pointant vers le ciel son bec imposant –, de l'autre côté du nuage sombre, là se trouve la Montagne de Sucrecandi. C'est
140 l'heureuse contrée où, pauvres animaux que nous sommes, nous nous reposerons à jamais de nos peines.» Il allait jusqu'à prétendre s'y être posé un jour qu'il avait volé très, très haut. Et là il avait vu, à l'en croire, un gâteau tout rond fait de bonnes graines (comme les animaux n'en mangent pas beaucoup en ce bas monde), et des

1. **Plébiscité**: élu à une large majorité.
2. **Collusion**: complot.
3. **Étayée**: appuyée.
4. **Palabrait à la cantonade**: discourait à voix haute, en s'adressant à qui voulait l'entendre.

145 morceaux de sucre qui poussent à même les haies, et jusqu'aux
champs de trèfle éternel. Bien des animaux l'en croyaient. Nos vies
présentes, se disaient-ils, sont vouées à la peine et à la faim. Qu'un
monde meilleur dût exister quelque part, cela n'est-il pas équitable
et juste? Mais ce qu'il n'était pas facile d'expliquer, c'était l'attitude
150 des cochons à l'égard de Moïse. Ils étaient unanimes à proclamer
leur mépris pour la Montagne de Sucrecandi et toutes fables de
cette farine[1], et pourtant le laissaient fainéanter à la ferme, et même
lui allouaient[2] un bock[3] de bière quotidien.

Son sabot guéri, Malabar travailla plus dur que jamais. À la vérité,
155 cette année-là, tous les animaux peinèrent comme des esclaves.
Outre le contraignant train-train de la ferme, il y avait la construction
du nouveau moulin et celle de l'école des jeunes gorets, commencée en mars. Quelquefois leur long labeur, avec cette nourriture
insuffisante, les épuisait, mais Malabar, lui, ne faiblissait jamais. Il
160 n'avait plus ses forces d'autrefois, mais rien dans ses faits et gestes
ne le trahissait. Seule son apparence avait un peu changé. Sa robe
était moins luisante, ses reins semblaient se creuser. «Malabar va
se requinquer avec l'herbe du printemps», disaient les autres, mais
ce fut le printemps et Malabar ne reprit pas de poids. Parfois, sur
165 la pente qui conduit en haut de la carrière, à le voir bander ses
muscles sous le faix[4] d'un énorme bloc de pierre, on aurait dit
que rien ne le retenait debout que la volonté. À ces moments-là,
on lisait sur ses lèvres sa devise: «Je travaillerai plus dur», mais la
voix lui manquait. Une fois encore, Douce et Benjamin lui dirent
170 de faire attention à sa santé, mais lui n'en faisait toujours qu'à sa
tête. Son douzième anniversaire était proche. Eh bien, advienne
que pourra, pourvu qu'avant de prendre sa retraite il ait rassemblé
un tas de pierres bien conséquent.

---

1. **Fables de cette farine**: balivernes du même ordre.
2. **Allouaient**: accordaient.
3. **Bock**: verre à bière muni d'une anse.
4. **Faix**: poids.

Tard un soir d'été, tout d'un coup une rumeur fit le tour de la
175  ferme : quelque chose était arrivé à Malabar. Il était allé tout seul
pour traîner jusqu'au moulin encore une charretée de pierres. Et,
bel et bien, la rumeur disait vrai. Quelques minutes ne s'étaient pas
écoulées que des pigeons se précipitaient avec la nouvelle : « Malabar
est tombé ! Il est couché sur le flanc et ne peut plus se relever ! »
180  Près de la moitié des animaux coururent au mamelon où se
dressait le moulin. Malabar gisait là, étendu entre les brancards
de la charrette, les flancs gluants de sueur, tirant sur l'encolure et
le regard vitreux : incapable même de redresser la tête. Un mince
filet de sang lui était venu à la bouche. Douce se mit à genoux à
185  côté de lui.

« Malabar, s'écria-t-elle, comment te sens-tu ?

– C'est les bronches, balbutia Malabar. Ça ne fait rien. Je crois
que vous serez en mesure de finir le moulin sans moi. Il y a un tas de
pierres bien conséquent. Je n'avais plus qu'un mois de travail devant
190  moi, de toute façon. Et pour tout te dire, j'avais hâte de prendre
ma retraite. Et comme Benjamin se fait vieux, peut-être que lui
aussi ils le laisseront prendre sa retraite pour me tenir compagnie.

– Il faut qu'on t'aide tout de suite, dit Douce. Vite, que quelqu'un
prévienne Brille-Babil. »
195  Sans plus attendre, les animaux regagnèrent la ferme au grand
galop pour porter la nouvelle à Brille-Babil. Douce resta seule sur
place avec Benjamin qui, sans un mot, s'étendit à côté de Malabar,
et de sa longue queue se mit à chasser les mouches qui l'embêtaient.
Un quart d'heure plus tard à peu près, Brille-Babil se présenta, plein
200  de sollicitude[1]. Il déclara que le camarade Napoléon avait appris
avec la plus profonde affliction le malheur survenu à l'un des plus
fidèles serviteurs de la ferme, et que déjà il prenait ses dispositions
pour le faire soigner à l'hôpital de Willingdon. À ces mots, les
animaux ne se sentirent pas trop rassurés. À part Lubie et Boule
205  de Neige, jusque-là aucun animal n'avait quitté la ferme, et l'idée

---

**1. Sollicitude** : soin inquiet.

de remettre leur camarade malade entre les mains des hommes ne leur disait rien du tout. Néanmoins, Brille-Babil les rassura vite : le vétérinaire de Willingdon s'occuperait de Malabar bien mieux qu'on ne l'aurait pu à la ferme. Et à peu près une demi-heure plus
210 tard, une fois Malabar plus ou moins remis et debout tant bien que mal, on le ramena clopin-clopant à l'écurie où Douce et Benjamin lui avaient préparé un bon lit de paille.

Les deux jours suivants Malabar ne quitta pas son box. Les cochons lui avaient fait remettre une grande fiole de remède rose
215 bonbon découverte dans une armoire de la salle de bains. Douce lui administrait cette médecine deux fois par jour après les repas. Le soir elle se couchait à côté de lui et, pendant que Benjamin chassait les mouches, lui faisait la conversation. Malabar déclarait n'être pas fâché de ce qui était arrivé. Une fois qu'il aurait récupéré, il se
220 donnait encore trois ans à vivre, et se faisait une fête de couler des jours paisibles dans un coin de l'herbage. Pour la première fois, il aurait des loisirs et pourrait se cultiver l'esprit. Il avait l'intention, disait-il, de passer le reste de sa vie à apprendre les vingt et une autres lettres de l'alphabet.

225 Cependant, Benjamin et Douce ne pouvaient retrouver Malabar qu'après les heures de travail, et ce fut au milieu de la journée que le fourgon vint le prendre. Les animaux étaient à sarcler des navets sous la garde d'un cochon quand ils furent stupéfaits de voir Benjamin, accouru au galop des dépendances et brayant à tue-tête. Ils ne
230 l'avaient jamais connu dans un état pareil – de fait, ils ne l'avaient même jamais vu prendre le galop. « Vite, vite ! criait-il. Venez tout de suite ! Ils emmènent Malabar ! » Sans attendre les ordres du cochon, les animaux plantèrent là le travail et se hâtèrent de regagner les bâtiments. Et, à n'en pas douter, il y avait dans la cour, tiré par
235 deux chevaux et conduit par un homme à la mine chafouine[1], un melon rabattu sur le front, un immense fourgon fermé. Sur le côté

---

**1. Chafouine** : sournoise.

du fourgon, on pouvait lire des lettres en caractères imposants. Et le box de Malabar était vide.

240 Les animaux se pressèrent autour du fourgon, criant en chœur : « Au revoir, Malabar ! Au revoir, au revoir ! »

« Bande d'idiots ! se mit à braire Benjamin. Il piaffait et trépignait de ses petits sabots. Bande d'idiots ! Est-ce que vous ne voyez pas comme c'est écrit sur le côté du fourgon ? »

Les animaux se turent, et même ce fut un profond silence. Edmée 245 s'était mise à épeler les lettres, mais Benjamin l'écarta brusquement, et dans le mutisme[1] des autres, lut :

« "Alfred Simmonds, Équarrisseur et Fabricant de Matières adhésives, Willingdon. Négociant en Peaux et Engrais animal. Fourniture de chenils." Y êtes-vous maintenant ? Ils emmènent Malabar pour 250 l'abattre ! »

Un cri d'horreur s'éleva, poussé par tous. Dans l'instant, l'homme fouetta ses chevaux et à bon trot le fourgon quitta la cour. Les animaux s'élancèrent après lui, criant de toutes leurs forces. Douce s'était faufilée en tête. Le fourgon commença à prendre de la vitesse. 255 Et la jument, s'efforçant de pousser sur ses jambes trop fortes, tout juste avançait au petit galop. « Malabar ! cria-t-elle, Malabar ! Malabar ! Malabar ! » Et à ce moment précis, comme si lui fût parvenu le vacarme du dehors, Malabar, à l'arrière du fourgon, montra le mufle et la raie blanche qui lui descendait jusqu'aux naseaux.

260 « Malabar ! lui cria Douce d'une voix de catastrophe. Malabar ! Sauve-toi ! Sauve-toi vite ! Ils te mènent à la mort ! »

Tous les animaux reprirent son cri : « Sauve-toi, Malabar ! Sauve-toi ! » Mais déjà la voiture les gagnait de vitesse.

Il n'était pas sûr que Malabar eût entendu l'appel de Douce. 265 Bientôt son visage s'effaça de la lucarne, mais ensuite on l'entendit tambouriner et trépigner à l'intérieur du fourgon, de tous ses sabots. Un fracas terrifiant. Il essayait, à grandes ruades, de défoncer le fourgon. Le temps avait été où de quelques coups de sabot il aurait

---

1. **Mutisme** : silence.

pulvérisé cette voiture. Mais hélas sa force l'avait abandonné, et
270 bientôt le fracas de ses sabots tambourinant s'atténua puis s'éteignit.

Au désespoir, les animaux se prirent à conjurer les deux chevaux
qui tiraient le fourgon. Qu'ils s'arrêtent donc ! « Camarades, camarades ! criaient les animaux, ne menez pas votre propre frère à la
mort ! » Mais c'étaient des brutes bien trop ignares pour se rendre
275 compte de ce qui était en jeu. Ces chevaux-là se contentèrent de
rabattre les oreilles et forcèrent le train.

Les traits de Malabar ne réapparurent plus à la lucarne. Trop
tard, quelqu'un eut l'idée de filer devant et de refermer la clôture
aux cinq barreaux. Le fourgon la franchissait déjà, et bientôt dévala
280 la route et disparut.

On ne revit jamais Malabar.

Trois jours plus tard il fut annoncé qu'il était mort à l'hôpital
de Willingdon, en dépit de tous les soins qu'on puisse donner à un
cheval. C'est Brille-Babil qui annonça la nouvelle. Il était là, dit-il,
285 lors des derniers moments.

« Le spectacle le plus émouvant que j'aie jamais vu, déclara-t-il
de la patte s'essuyant une larme. J'étais à son chevet tout à la fin. Et
comme il était trop faible pour parler, il m'a confié à l'oreille son
unique chagrin, qui était de rendre l'âme avant d'avoir vu le moulin
290 achevé. "En avant, camarades ! disait-il dans son dernier souffle. En
avant, au nom du Soulèvement ! Vive la Ferme des Animaux ! Vive
le camarade Napoléon ! Napoléon ne se trompe jamais !" Telles
furent ses dernières paroles, camarades. »

Puis tout à trac Brille-Babil changea d'attitude. Il garda le silence
295 quelques instants, et ses petits yeux méfiants allaient de l'un à l'autre.
Enfin il reprit la parole.

Il avait eu vent, dit-il, d'une rumeur ridicule et perfide qui avait
couru lors du transfert de Malabar à l'hôpital. Sur le fourgon qui
emportait leur camarade, certains animaux avaient remarqué le mot
300 « équarrisseur », et bel et bien en avaient conclu qu'on l'emmenait
chez l'abatteur de chevaux ! Vraiment, c'était à ne pas croire qu'il y
eût des animaux aussi bêtes. Sans nul doute, s'écria-t-il, indigné, la

queue frémissante et sautillant de gauche à droite, sans nul doute les
animaux connaissent assez leur chef bien-aimé, le camarade Napo-
305 léon, pour ne pas croire à des fables pareilles. L'explication était la
plus simple. Le fourgon avait bien appartenu à un équarrisseur, mais
celui-ci l'avait vendu à un vétérinaire, et ce vétérinaire n'avait pas
encore effacé l'ancienne raison sociale[1] sous une nouvelle couche
de peinture. C'est ce qui avait pu induire en erreur.
310     Les animaux éprouvèrent un profond soulagement à ces paroles.
Et quand Brille-Babil leur eut donné d'autres explications magnifiques
sur les derniers moments de Malabar – les soins admirables dont
il avait été entouré, les remèdes hors de prix payés par Napoléon
sans qu'il se fût soucié du coût –, alors leurs derniers doutes furent
315 levés, et le chagrin qu'ils éprouvaient de la mort de leur camarade
fut adouci à la pensée qu'au moins il était mort heureux.
        Le dimanche suivant, Napoléon en personne apparut à l'assem-
blée du matin, et il prononça une brève allocution pour célébrer
la mémoire du regretté camarade. Il n'avait pas été possible, dit-il,
320 de ramener ses restes afin de les inhumer à la ferme, mais il avait
commandé une couronne imposante, qu'on ferait avec les lauriers
du jardin et qui serait déposée sur sa tombe. Les cochons comp-
taient organiser, sous quelques jours, un banquet commémoratif
en l'honneur du défunt. Napoléon termina son oraison funèbre[2]
325 en rappelant les deux maximes préférées de Malabar : « Je vais travailler plus dur » et « Le camarade Napoléon ne se trompe jamais »
– maximes, ajouta-t-il, que tout animal gagnerait à faire siennes.
        Au jour fixé du banquet, une camionnette d'épicier vint de
Willingdon livrer à la maison une grande caisse à claire-voie[3].
330 Cette nuit-là s'éleva un grand tintamarre de chansons, suivi, eût-
on dit, d'une querelle violente qui sur les onze heures prit fin dans
un fracas de verres brisés. Personne dans la maison d'habitation ne

---

**1. Raison sociale** : nom, identification d'une entreprise.
**2. Oraison funèbre** : discours prononcé en l'honneur d'un mort.
**3. À claire-voie** : dont les planches ne sont pas serrées mais laissent passer la
lumière.

donna signe de vie avant le lendemain midi, et le bruit courut que les cochons s'étaient procuré, on ne savait où ni comment, l'argent d'une autre caisse de whisky.

# Chapitre 10

Les années passaient. L'aller et retour des saisons emportait la vie brève des animaux, et le temps vint où les jours d'avant le Soulèvement ne leur dirent plus rien. Seuls la jument Douce, le vieil âne atrabilaire[1] Benjamin, le corbeau apprivoisé Moïse et certains cochons se souvenaient encore.

La chèvre Edmée était morte ; les chiens, Fleur, Constance et Filou, étaient morts. Jones lui-même était mort alcoolique, pensionnaire d'une maison de santé, dans une autre partie du pays. Boule de Neige était tombé dans l'oubli. Malabar, aussi, était tombé dans l'oubli, sauf pour quelques-uns de ceux qui l'avaient connu. Douce était maintenant une vieille jument pansue[2], aux membres perclus[3] et aux yeux chassieux[4]. Elle avait dépassé de deux ans la limite d'âge des travailleurs, mais en fait jamais un animal n'avait profité de la retraite. Depuis belle lurette on ne parlait plus de réserver un coin de pacage[5] aux animaux sur le retour. Napoléon était un cochon d'âge avancé et pesait cent cinquante kilos, et Brille-Babil si bouffi de graisse que c'est à peine s'il pouvait entrouvrir les yeux. Seul le vieux Benjamin était resté le même, à part le mufle un peu grisonnant, et, depuis la mort de Malabar, un caractère plus que jamais revêche et taciturne[6].

---

1. **Atrabilaire** : au caractère sombre, souvent de mauvaise humeur.
2. **Pansue** : qui a un gros ventre.
3. **Perclus** : paralysés.
4. **Chassieux** : gluants.
5. **Pacage** : pâturage.
6. **Revêche et taciturne** : peu aimable et silencieux.

Désormais les animaux étaient bien plus nombreux, quoique sans s'être multipliés autant qu'on l'avait craint dans les premiers jours. Beaucoup étaient nés pour qui le Soulèvement n'était qu'une tradition sans éclat, du bouche à oreille. D'autres avaient été achetés,
25 qui jamais n'en avaient ouï parler avant leur arrivée sur les lieux. En plus de Douce, il y avait maintenant trois chevaux à la ferme : des animaux bien pris et bien campés[1], aimant le travail et bons compagnons, mais tout à fait bornés. De l'alphabet, aucun d'eux ne put retenir plus que les deux premières lettres. Ils admettaient tout
30 ce qu'on leur disait du Soulèvement et des principes de l'Animalisme, surtout quand Douce les en entretenait, car ils lui portaient un respect quasi filial, mais il est douteux qu'ils y aient entendu[2] grand-chose.

La ferme était plus prospère maintenant et mieux tenue. Elle
35 s'était agrandie de deux champs achetés à Mr. Pilkington. Le moulin avait été construit à la fin des fins. On se servait d'une batteuse, et d'un monte-charge pour le foin, et il y avait de nouveaux bâtiments. Whymper s'était procuré une charrette anglaise. Le moulin, toutefois, n'avait pas été employé à produire du courant électrique. Il servait
40 à moudre le blé et rapportait de fameux bénéfices. Les animaux s'affairaient à ériger un autre moulin qui, une fois achevé, serait équipé de dynamos, disait-on. Mais de toutes les belles choses dont Boule de Neige avait fait rêver les animaux – la semaine de trois jours, les installations électriques, l'eau courante chaude et froide –, on ne
45 parlait plus. Napoléon avait dénoncé ces idées comme contraires à l'esprit de l'Animalisme. Le bonheur le plus vrai, déclarait-il, réside dans le travail opiniâtre[3] et l'existence frugale[4].

On eût dit qu'en quelque façon la ferme s'était enrichie sans rendre les animaux plus riches – hormis, assurément, les cochons et
50 les chiens. C'était peut-être, en partie, parce qu'il y avait tellement

---

1. **Bien pris et bien campés** : solidement taillés et vigoureux.
2. **Entendu** : compris.
3. **Opiniâtre** : obstiné.
4. **Frugale** : simple, égayée par peu de plaisirs.

de cochons et tellement de chiens. Et on ne pouvait pas dire qu'ils ne travaillaient pas, travaillant à leur manière. Ainsi que Brille-Babil l'expliquait sans relâche, c'est une tâche écrasante que celle d'organisateur et de contrôleur, et une tâche qui, de par sa
55 nature, dépasse l'entendement commun[1]. Brille-Babil faisait état des efforts considérables des cochons, penchés sur des besognes mystérieuses. Il parlait dossiers, rapports, minutes, *memoranda*[2]. De grandes feuilles de papier étaient couvertes d'une écriture serrée et, dès qu'ainsi couvertes, jetées au feu. Cela, disait encore
60 Brille-Babil, était d'une importance capitale pour la bonne gestion du domaine. Malgré tout, cochons et chiens ne produisaient pas de nourriture par leur travail, et ils étaient en grand nombre et pourvus de bon appétit.

Quant aux autres, autant qu'ils le pouvaient savoir, leur vie était
65 comme elle avait toujours été. Ils avaient le plus souvent faim, dormaient sur la paille, buvaient l'eau de l'abreuvoir, labouraient les champs. Ils souffraient du froid l'hiver et l'été des mouches. Parfois les plus âgés fouillaient dans le flou des souvenirs, essayant de savoir si, aux premiers jours après le Soulèvement, juste après l'expro-
70 priation de Jones, la vie avait été meilleure ou pire qu'à présent. Ils ne se rappelaient plus. Il n'y avait rien à quoi comparer leurs vies actuelles ; rien à quoi ils pussent s'en remettre que les colonnes de chiffres de Brille-Babil, lesquelles invariablement prouvaient que tout toujours allait de mieux en mieux. Les animaux trouvaient leur
75 problème insoluble. De toute manière, ils avaient peu de temps pour de telles méditations, désormais. Seul le vieux Benjamin affirmait se rappeler sa longue vie dans le menu détail, et ainsi savoir que les choses n'avaient jamais été, ni ne pourraient jamais être bien meilleures ou bien pires – la faim, les épreuves et les déboires[3],
80 telle était, à l'en croire, la loi inaltérable[4] de la vie.

---

1. **L'entendement commun** : le bon sens.
2. **Minutes** : comptes rendus ; *memoranda* : mémentos.
3. **Déboires** : déceptions.
4. **Inaltérable** : permanente, impossible à changer.

Et pourtant les animaux ne renoncèrent jamais à l'espérance.
Mieux, ils ne cessèrent, fût-ce un instant, de tenir à honneur, et de
regarder comme un privilège, leur appartenance à la Ferme des
Animaux : la seule du comté[1] et même de toute l'Angleterre à être
exploitée par les animaux. Pas un d'entre eux, même parmi les
plus jeunes ou bien ceux venus de fermes distantes de cinq à dix
lieues[2], qui toujours ne s'en émerveillât. Et quand ils entendaient
la détonation du fusil et voyaient le drapeau vert flotter au mât, leur
cœur battait plus fort, ils étaient saisis d'un orgueil qui ne mourrait
pas, et sans cesse la conversation revenait sur les jours héroïques
d'autrefois : l'expropriation de Jones, la loi des Sept Commandements, les grandes batailles et l'envahisseur taillé en pièces. À aucun
des anciens rêves ils n'avaient renoncé. Ils croyaient encore à la
bonne nouvelle annoncée par Sage l'Ancien : la République des
Animaux. Alors, pensaient-ils, les verts pâturages d'Angleterre ne
seraient plus foulés par les humains. Le jour viendrait : pas tout de
suite, pas de leur vivant peut-être. N'importe, le jour venait. Même
l'air de *Bêtes d'Angleterre* était peut-être fredonné ici et là en secret.
De toute façon, il était bien connu que chaque animal de la ferme
le savait, même si nul ne se fût enhardi à le chanter tout haut. Leur
vie pouvait être pénible, et sans doute tous leurs espoirs n'avaient
pas été comblés, mais ils se savaient différents de tous les autres
animaux. S'ils avaient faim, ce n'était pas de nourrir des humains
tyranniques. S'ils travaillaient dur, au moins c'était à leur compte.
Plus parmi eux de deux pattes, et aucune créature ne donnait à
aucune autre le nom de Maître. Tous les animaux étaient égaux.

Une fois, au début de l'été, Brille-Babil ordonna aux moutons
de le suivre. Il les mena à l'autre extrémité de la ferme, jusqu'à
un lopin de terre en friche envahi par de jeunes bouleaux. Là, ils
passèrent tout le jour à brouter les feuilles, sous la surveillance de
Brille-Babil. Au soir venu, celui-ci regagna la maison d'habitation,

**1. Comté** : région.
**2. Lieues** : ancienne unité de mesure de distance (1 lieue britannique équivaut à
environ 4,8 kilomètres).

disant aux moutons de rester sur place pour profiter du temps chaud.
Il arriva qu'ils demeurèrent sur place la semaine entière, et tout ce
temps les autres animaux point ne les virent. Brille-Babil passait la
115 plus grande partie du jour dans leur compagnie. Il leur apprenait,
disait-il, un chant nouveau, dont le secret devait être gardé.

Les moutons étaient tout juste de retour que, dans la douceur
du soir – alors que les animaux regagnaient les dépendances, le
travail fini –, retentit dans la cour un hennissement d'épouvante.
120 Les animaux tout surpris firent halte. C'était la voix de Douce. Elle
hennit une seconde fois, et tous les animaux se ruèrent dans la cour
au grand galop. Alors ils virent ce que Douce avait vu.

Un cochon qui marchait sur ses pattes de derrière.

Et, oui, c'était Brille-Babil. Un peu gauchement, et peu accou-
125 tumé à supporter sa forte corpulence dans cette position, mais
tout de même en parfait équilibre, Brille-Babil, déambulant à pas
comptés, traversait la cour. Un peu plus tard, une longue file de
cochons sortit de la maison, et tous avançaient sur leurs pattes de
derrière. Certains s'en tiraient mieux que d'autres, et un ou deux,
130 un peu chancelants, se seraient bien trouvés d'une canne, mais tous
réussirent à faire le tour de la cour sans encombre. À la fin ce furent
les aboiements formidables des chiens et l'ardent cocorico du petit
coq noir, et l'on vit s'avancer Napoléon lui-même, tout redressé et
majestueux, jetant de droite et de gauche des regards hautains, les
135 chiens gambadant autour de sa personne.

Il tenait un fouet dans sa patte.

Ce fut un silence de mort. Abasourdis et terrifiés, les animaux
se serraient les uns contre les autres, suivant des yeux le long cortège des cochons avec lenteur défilant autour de la cour. C'était
140 comme le monde à l'envers. Puis, le premier choc une fois émoussé[1],
au mépris de tout – de leur frayeur des chiens, et des habitudes
acquises au long des ans de ne jamais se plaindre ni critiquer, quoi
qu'il advienne – ils auraient protesté sans doute, auraient élevé la

---

1. **Émoussé**: passé.

parole. Mais alors, comme répondant à un signal, tous les moutons
145  en chœur se prirent à bêler de toute leur force :

*Quatrepattes, bon ! Deuxpattes, mieux ! Quatrepattes, bon ! Deuxpattes,*
*mieux !*

Ils bêlèrent ainsi cinq bonnes minutes durant. Et quand ils se
turent, aux autres échappa l'occasion de protester, car le cortège
150  des cochons avait regagné la résidence.

Benjamin sentit des naseaux contre son épaule, comme d'un
animal en peine qui aurait voulu lui parler. C'était Douce. Ses vieux
yeux avaient l'air plus perdus que jamais. Sans un mot, elle tira
Benjamin par la crinière, doucement, et l'entraîna jusqu'au fond
155  de la grange où les Sept Commandements étaient inscrits. Une
minute ou deux, ils fixèrent le mur goudronné aux lettres blanches.
Douce finit par dire :

« Ma vue baisse. Même au temps de ma jeunesse je n'aurais
pas pu lire comme c'est écrit. Mais on dirait que le mur n'est plus
160  tout à fait le même. Benjamin, les Sept Commandements sont-ils
toujours comme autrefois ? »

Benjamin, pour une fois consentant à rompre avec ses principes,
lui lut ce qui était écrit sur le mur. Il n'y avait plus maintenant qu'un
seul Commandement. Il énonçait :

165

TOUS LES ANIMAUX SONT ÉGAUX

MAIS CERTAINS SONT PLUS ÉGAUX QUE D'AUTRES

Après quoi le lendemain il ne parut pas étrange de voir les
cochons superviser le travail de la ferme le fouet à la patte. Il ne
parut pas étrange d'apprendre qu'ils s'étaient procuré un poste
170  de radio, faisaient installer le téléphone et s'étaient abonnés à des
journaux – des hebdomadaires rigolos, et un quotidien populaire. Il
ne parut pas étrange de rencontrer Napoléon faire un tour de jardin
la pipe à la bouche – non plus que de voir les cochons endosser les
vêtements de Mr. Jones tirés de l'armoire. Napoléon lui-même se
175  montra en veston noir, en culotte pour la chasse aux rats et guêtres

de cuir, accompagné de sa truie favorite, dans une robe de soie moirée[1], celle que Mrs. Jones portait les dimanches.

Un après-midi de la semaine suivante, plusieurs charrettes anglaises se présentèrent à la ferme. Une délégation de fermiers du voisinage
180 avait été invitée à visiter le domaine. On leur fit inspecter toute l'exploitation, et elle les trouva en tout admiratifs, mais le moulin fut ce qu'ils apprécièrent le plus. Les animaux désherbaient un champ de navets. Ils travaillaient avec empressement, osant à peine lever la tête et ne sachant, des cochons et des visiteurs, lesquels
185 redouter le plus.

Ce soir-là on entendit, venus de la maison, des couplets braillés et des explosions de rire. Et, au tumulte de ces voix entremêlées, tout à coup les animaux furent saisis de curiosité. Que pouvait-il bien se passer là-bas, maintenant que pour la première fois hommes
190 et animaux se rencontraient sur un pied d'égalité ? D'un commun accord, ils se glissèrent à pas feutrés vers le jardin.

Ils font halte à la barrière, un peu effrayés de leur propre audace, mais Douce montrait le chemin. Puis sur la pointe des pattes avancent vers la maison, et ceux qui d'entre eux sont assez grands pour ça
195 hasardent, par la fenêtre de la salle à manger, un coup d'œil à l'intérieur. Et là, autour de la longue table, se tiennent une douzaine de fermiers et une demi-douzaine de cochons entre les plus éminents. Napoléon lui-même préside, il occupe la place d'honneur au haut bout de la table. Les cochons ont l'air assis tout à leur aise.
200 On avait joué aux cartes, mais c'est fini maintenant. À l'évidence, un toast va être porté. On fait circuler un grand pichet de bière et chacun une nouvelle fois remplit sa chope. Personne n'a soupçonné l'ébahissement[2] des animaux qui, de la fenêtre, voient ces choses.

Mr. Pilkington, de Foxwood, s'était levé, chope en main. Dans
205 un moment, dit-il, il porterait un toast, mais d'abord il croyait de son devoir de dire quelques mots.

---

1. **Moirée** : aux reflets changeants.
2. **Ébahissement** : étonnement, stupéfaction.

C'était pour lui – ainsi, il en était convaincu, que pour tous les présents – une source de profonde satisfaction de savoir enfin révolue une longue période de méfiance et d'incompréhension. Un temps avait été – non que lui-même ou aucun des convives aient partagé de tels sentiments –, un temps où les honorables propriétaires de la Ferme des Animaux avaient été regardés, il se garderait de dire d'un œil hostile, mais enfin avec une certaine appréhension, par leurs voisins les hommes. Des incidents regrettables s'étaient produits, des idées fausses avaient été monnaie courante. On avait eu le sentiment qu'une ferme que s'étaient appropriée des cochons et qu'ils exploitaient était en quelque sorte une anomalie, susceptible de troubler les relations de bon voisinage. Trop de fermiers avaient tenu pour vrai, sans enquête préalable sérieuse, que dans une telle ferme prévaudrait un esprit de dissolution[1] et d'indiscipline. Ils avaient appréhendé des conséquences fâcheuses sur leurs animaux, ou peut-être même sur leurs humains salariés. Mais tous doutes semblables étaient maintenant dissipés. Aujourd'hui lui et ses amis avaient visité la Ferme des Animaux, en avaient inspecté chaque pouce, et qu'avaient-ils trouvé ? Non seulement des méthodes de pointe, mais encore un ordre et une discipline méritant d'être partout donnés en exemple. Il croyait pouvoir avancer à bon droit que les animaux inférieurs de la Ferme des Animaux travaillaient plus dur et recevaient moins de nourriture que tous autres animaux du comté. En vérité, lui et ses amis venaient de faire bien des constatations dont ils entendaient tirer profit sans délai dans leurs propres exploitations.

Il terminerait sa modeste allocution, dit-il, en soulignant une fois encore les sentiments d'amitié réciproque qui existent, et continueront d'exister, entre la Ferme des Animaux et les fermes voisines. Entre cochons et hommes il n'y a pas, et il n'y a pas de raison qu'il y ait, un conflit d'intérêts quelconque. Les luttes et

---

**1. Dissolution** : débauche, immoralité.

les vicissitudes[1] sont identiques. Le problème de la main-d'œuvre n'est-il pas partout le même ?

240 À ce point, il n'échappa à personne que Mr. Pilkington était sur le point d'adresser à la compagnie quelque pointe d'esprit, méditée de longue main[2]. Mais pendant quelques instants il eut trop envie de rire pour l'énoncer. S'étranglant presque, et montrant un triple menton violacé, il finit par dire : «Si vous avez affaire aux animaux

245 inférieurs, nous c'est aux classes inférieures.» Ce bon mot mit la tablée en grande joie. Et de nouveau Mr. Pilkington congratula[3] les cochons sur les basses rations, la longue durée du travail et le refus de dorloter les animaux de la ferme.

Et maintenant, dit-il en conclusion, qu'il lui soit permis d'inviter la

250 compagnie à se lever, et que chacun remplisse sa chope. «Messieurs, conclut Pilkington, Messieurs, je porte un toast à la prospérité de la Ferme des Animaux.»

On acclama, on trépigna, ce fut le débordement d'enthousiasme. Napoléon, comblé, fit le tour de la table pour, avant de vider sa

255 chope, trinquer avec Mr. Pilkington. Les vivats[4] apaisés, il demeura debout, signifiant qu'il avait aussi quelques mots à dire.

Comme tous ses discours, celui-ci fut bref mais bien en situation. Lui aussi, dit-il, se réjouissait que la période d'incompréhension fût à son terme. Longtemps des rumeurs avaient couru – lancées, il

260 avait lieu de le croire, par un ennemi venimeux –, selon lesquelles ses idées et celles de ses collègues avaient quelque chose de subversif[5] pour ne pas dire de révolutionnaire. On leur avait imputé l'intention de fomenter[6] la rébellion parmi les animaux des fermes avoisinantes. Rien de plus éloigné de la vérité ! Leur unique désir,

265 maintenant comme dans le passé, était de vivre en paix avec leurs

---

**1. Vicissitudes** : aléas de la vie.
**2. Quelque pointe d'esprit, méditée de longue main** : une fine plaisanterie qu'il avait longuement préparée.
**3. Congratula** : félicita.
**4. Vivats** : acclamations.
**5. Subversif** : visant à renverser l'ordre établi.
**6. Fomenter** : préparer secrètement.

voisins et d'entretenir avec eux des relations d'affaires normales. Cette ferme, qu'il avait l'honneur de gérer, ajouta-t-il, était une entreprise coopérative[1]. Les titres de propriété, qu'il avait en sa propre possession, appartenaient à la communauté des cochons.

270     Il ne croyait pas, dit-il, que rien subsistât de la suspicion d'autrefois, mais certaines modifications avaient été récemment introduites dans les anciennes habitudes de la ferme qui auraient pour effet de promouvoir une confiance encore accrue. Jusqu'ici les animaux avaient eu pour coutume, assez sotte, de s'adresser l'un à l'autre

275 en s'appelant «camarade». Voilà qui allait être aboli. Une autre coutume singulière, d'origine inconnue, consistait à défiler chaque dimanche matin devant le crâne d'un vieux verrat, cloué à un poteau du jardin. Cet usage serait aboli également, et déjà le crâne avait été enterré. Enfin ses hôtes avaient peut-être remarqué le drapeau vert

280 en haut du mât. Si c'était le cas, alors ils avaient remarqué aussi que le sabot et la corne, dont il était frappé naguère, n'y figuraient plus. Le drapeau, dépouillé de cet emblème, serait vert uni désormais.

    Il n'adresserait qu'une seule critique à l'excellent discours de bon voisinage de Mr. Pilkington, qui s'était référé tout au long à

285 la «Ferme des Animaux». Il ne pouvait évidemment pas savoir – puisque lui, Napoléon, en faisait la révélation en ce moment – que cette raison sociale avait été récusée. La ferme serait connue à l'avenir sous le nom de «Ferme du Manoir» – son véritable nom d'origine, sauf erreur de sa part.

290     «Messieurs, conclut Napoléon, je vais porter le même toast que tout à l'heure, mais autrement formulé. Que chacun remplisse sa chope à ras bord. Messieurs, je bois à la prospérité de la Ferme du Manoir!»

    Ce furent encore des acclamations chaleureuses, et les chopes

295 furent vidées avec entrain. Mais alors que les animaux observaient la scène du dehors, il leur parut que quelque chose de bizarre était en train de se passer. Pour quelle raison les traits des cochons

---

**1. Coopérative**: fondée sur l'association de plusieurs individus.

n'étaient-ils plus tout à fait les mêmes ? Les yeux fatigués de Douce glissaient d'un visage à l'autre. Certains avaient un quintuple men-
300 ton, d'autres avaient le menton quadruple et d'autres triple. Mais qu'est-ce que c'était qui avait l'air de se dissoudre, de s'effondrer, de se métamorphoser ? Les applaudissements s'étaient tus. Les convives reprirent la partie de cartes interrompue, et les animaux silencieux filèrent en catimini[1].

305 Ils n'avaient pas fait vingt mètres qu'ils furent cloués sur place. Des vociférations partaient de la maison. Ils se hâtèrent de revenir mettre le nez à la fenêtre. Et, de fait, une querelle violente était en cours. Ce n'étaient que cris, coups assenés sur la table, regards aigus et soupçonneux, dénégations furibondes[2]. La cause du charivari
310 semblait due au fait que Napoléon et Mr. Pilkington avaient abattu un as de pique en même temps.

Douze voix coléreuses criaient et elles étaient toutes les mêmes. Il n'y avait plus maintenant à se faire de questions sur les traits altérés[3] des cochons. Dehors, les yeux des animaux allaient du cochon
315 à l'homme et de l'homme au cochon, et de nouveau du cochon à l'homme ; mais déjà il était impossible de distinguer l'un de l'autre.

---

1. **En catimini** : discrètement.
2. **Dénégations furibondes** : contestations furieuses.
3. **Altérés** : changés, déformés.

# Pour comprendre l'essentiel

### Un retour à la situation initiale

**❶** Les conditions de vie des animaux se détériorent progressivement. Relevez dans les trois derniers chapitres les indications et les événements qui le prouvent. Montrez ensuite qu'à la fin du récit la vie quotidienne des animaux n'est pas plus facile qu'au début.

**❷** Les cochons se comportent de plus en plus comme des hommes. Identifiez les étapes de cette transformation. Expliquez en quoi Napoléon a finalement remplacé Jones. Commentez la maxime « Tous les animaux sont égaux mais certains sont plus égaux que d'autres » (p. 118).

**❸** Le rêve de Sage l'Ancien resurgit à la fin du roman. Cherchez dans le dernier chapitre le passage qui l'évoque, et montrez qu'il apporte une note d'espoir dans le dénouement.

### Une réflexion sur le temps

**❹** L'histoire se répète dans le récit. Cherchez dans le chapitre 8 les événements qui ont déjà été vécus par les animaux.

**❺** La fin du récit invite à s'interroger sur la mémoire collective. En vous appuyant sur le chapitre 10, montrez que le temps efface les mauvais

souvenirs et que l'histoire ne retient que ce qui glorifie le peuple
et ses héros.

❻ Un seul animal se souvient de toute l'histoire de la ferme. Identifiez-le,
et montrez que son expérience le mène à développer une vision pessimiste
de la vie.

## Les leçons de la fable

❼ Les animaux sont naïfs et manipulables. Relevez dans les chapitres 8
et 9 les indices qui montrent que le peuple a besoin de se soumettre
à l'autorité d'un chef et que son sentiment d'indépendance est illusoire.

❽ Il n'est plus possible de distinguer les hommes des cochons à la fin
du récit. En vous appuyant sur le chapitre 10, cherchez les caractéristiques
qui leur sont communes, et montrez que le récit d'Orwell incite
à une réflexion sur la nature humaine.

❾ D'après le récit, tous les systèmes politiques et économiques
se ressemblent. Prouvez-le en cherchant dans le chapitre 10 les similitudes
entre les fermes dirigées par les hommes et la ferme des animaux.

• Le récit d'Orwell repose sur une **structure cyclique** : la fin
du récit n'est qu'un retour au commencement. Les animaux
sont exploités par les cochons comme ils l'étaient par les
hommes, et leurs conditions de vie sont redevenues les mêmes
qu'avant la révolte. Cette situation absurde permet de critiquer
les régimes totalitaires qui s'appuient sur les rêves du peuple
pour maintenir la tyrannie.

• L'histoire des animaux a une **portée philosophique** : elle fait
réfléchir sur la nature humaine. Tout comme le règne animal,
la société humaine repose sur des relations de domination.
L'Homme, violent et avide de pouvoir, répète inlassablement
les mêmes erreurs.

# Vers l'oral du Bac

Analyse des lignes 253 à 316, p. 121-123

## ☞ Analyser le dénouement de l'apologue

## Conseils pour la lecture à voix haute

– Adoptez un ton assuré pour lire les paroles rapportées de Napoléon.

– Créez un contraste entre ces propos et la fin du récit: adoptez un rythme de lecture plus lent pour les trois derniers paragraphes du texte, et insistez sur les phrases interrogatives afin de mettre en évidence l'étonnement des animaux.

## Analyse du texte

### ■ Introduction rédigée

Les années ont passé. La ferme s'est modernisée, les personnages principaux ont vieilli ou sont morts, de nouveaux animaux les ont remplacés, et tous travaillent toujours aussi dur. Au lieu d'être exploités par les hommes, les animaux sont exploités par les cochons, dont le comportement ressemble de plus en plus à celui des humains. Ces derniers ont même appris à se déplacer sur deux pattes. L'extrait que nous étudions est situé à la toute fin du récit, dans le dernier chapitre. L'heure est à la réconciliation avec les hommes: Napoléon a invité toute une délégation de fermiers à visiter le domaine. En fin de journée, hommes et cochons sont rassemblés autour d'une table dans l'ancienne maison de Jones, épiés par les autres animaux de la ferme restés à l'extérieur. À la suite des autres fermiers, Napoléon prend la parole pour se féliciter de cette nouvelle entente. C'est sur cette réunion que se clôt le récit d'Orwell. Nous analyserons donc le dénouement de l'apologue: toute l'histoire de la ferme est révisée par Napoléon, et la distinction entre le cochon et l'homme n'est plus possible.

■ *Analyse guidée*

## I. Une histoire révisée

**a.** Les animaux s'étaient voulus égaux et éloignés de tout contact avec les humains. Identifiez dans cette scène les comportements et les paroles qui bafouent le premier et le dernier des Sept Commandements de l'Animalisme.

**b.** Napoléon abolit tous les symboles de la révolte animale. Prouvez-le en vous appuyant sur le deuxième et le troisième paragraphe de son discours : restituez le sens de ces symboles, et expliquez comment le cochon les méprise ou les tourne en dérision.

**c.** Ce qui était une révolution animale est désormais présenté comme un système économique efficace. Relevez les termes qui appartiennent au lexique du commerce et montrez que la ferme est revenue à sa fonction initiale : la production de marchandises pour faire du profit.

## II. Du cochon à l'homme

**a.** Comme les fermiers avant lui, Napoléon déforme la vérité pour parvenir à une réconciliation qui servira ses intérêts. Identifiez ses mensonges et montrez comment son discours est conçu pour séduire les hommes.

**b.** À la fin du texte, il n'est plus possible de distinguer les hommes des cochons. Commentez les procédés qui mettent en valeur cette transformation : le choix du point de vue adopté sur cette scène, les effets de suspense, la construction des phrases.

**c.** L'homme et le cochon deviennent indissociables car ils partagent la même violence. Prouvez-le en analysant le lexique dans les deux derniers paragraphes du texte.

■ *Conclusion rédigée*

La fin de la fable est délibérément dénuée de sens. La révolte a été inutile, les animaux sont revenus à leur situation de départ et le cochon est devenu ce qu'il considérait comme son pire ennemi, un homme. Le dénouement du texte est profondément pessimiste : il montre l'échec d'un système idéologique qui prétendait viser le bonheur de tous. Si les cochons ont peu à peu adopté le comportement des hommes, c'est pour rappeler au lecteur que l'Homme est souvent une bête aux instincts violents qui ne cherche que sa propre satisfaction.

# Les trois questions de l'examinateur

**Question 1.** Comment expliquez-vous l'échec de la révolution animale? Quelles leçons peut-on tirer de cet exemple allégorique?

**Question 2.** Pouvez-vous citer d'autres œuvres littéraires qui, de façon plaisante ou fantaisiste, mettent en garde le lecteur sur les dérives des comportements humains?

**Question 3.** **Lecture d'images** Observez les deux documents reproduits en fin d'ouvrage, au verso de la couverture. Expliquez comment fonctionne la propagande dans l'image du haut et comment elle est dénoncée dans celle du bas. À quelles situations du récit ces illustrations font-elles écho?

# Le tour de l'œuvre en 9 fiches

## Sommaire

# George Orwell en 15 dates

| | |
|---|---|
| **1903** | Naissance d'Eric Blair le 25 juin au Bengale (alors dans l'Empire britannique, actuellement État de l'est de l'Inde). |
| **1904** | Retour de la famille Blair en Angleterre. |
| **1917** | Entrée au prestigieux collège d'Eton, en Angleterre. |
| **1922** | Engagement dans la police indienne impériale de Birmanie. |
| **1928** | Démission et retour en Europe. Début d'une période d'errance et de pauvreté. |
| **1933** | Parution de ses premiers articles et de *Dans la dèche à Paris et à Londres*, récit de son expérience de la pauvreté, publié sous le pseudonyme George Orwell. |
| **1936** | Mariage avec Eilen O'Shaugnessy. Rédaction d'un documentaire sur le chômage dans le nord de l'Angleterre, *Le Quai de Wigan*. Départ pour l'Espagne et engagement dans la milice du POUM, parti d'opposition au général Franco. |
| **1937** | Retour en Angleterre après l'interdiction du POUM. |
| **1938** | Parution de *Hommage à la Catalogne*, récit de son engagement dans la guerre civile espagnole. |
| **1939** | Parution de *Un peu d'air frais*, roman. |
| **1941** | Engagé comme producteur à la BBC (société de diffusion de programmes de radio et de télévision britannique). Début de sa collaboration à la revue américaine *Partisan Review*. |
| **1943** | Démission de la BBC. Nommé responsable des pages littéraires de l'hebdomadaire de la gauche travailliste *The Tribune*. |
| **1945** | **Parution de *La Ferme des animaux*.** Envoyé spécial de l'hebdomadaire britannique *The Observer* en France et en Allemagne. Retour à Londres à la mort de son épouse. |
| **1949** | Parution de *1984*, contre-utopie. Hospitalisation (tuberculose) et mariage avec Sonia Brownell. |
| **1950** | Mort le 21 janvier. |

## Fiche 2

# L'œuvre dans son contexte

### La misère du monde ouvrier

**Dans les années 1930, la crise économique frappe de plein fouet le Royaume-Uni.** De nombreuses régions sont sinistrées, notamment le pays minier du nord de l'Angleterre. En 1936, Orwell se rend dans la région de Wigan afin de réaliser une enquête sur les conditions de vie des chômeurs. Il découvre les **conditions de travail des ouvriers dans les mines et leurs très faibles salaires.** Cette expérience, qui donne lieu à la publication d'un documentaire en 1937, détermine l'engagement socialiste d'Orwell. *La Ferme des animaux* met aussi en évidence l'exploitation du travail du peuple par des propriétaires qui ne recherchent que leur profit personnel.

### La montée des totalitarismes

**Pendant l'entre-deux-guerres, les régimes totalitaires se multiplient en Europe. En Italie**, Mussolini (1883-1945) dirige le régime fasciste. **En Allemagne, Hitler (1889-1945)** devient chancelier du Reich en 1933. **À partir de 1936, l'Espagne s'enlise dans une guerre civile** qui oppose les républicains aux nationalistes, menés par le général Franco (1892-1975), qui est soutenu par Hitler et par Mussolini. Orwell, alors en Catalogne, prend part à ce conflit et s'engage dans le POUM, organisme communiste à la fois anti-franquiste et anti-stalinien. La dictature franquiste l'emporte en 1939.

**En URSS, Staline (1878-1953)**, à la tête du Parti communiste depuis 1922, règne en dictateur : il développe un véritable culte de la personnalité et fait régner la terreur, purgeant le pays de ses opposants. **Orwell, qui adhère aux théories marxistes à l'origine du communisme, condamne cependant vivement le régime stalinien**, déçu par deux événements majeurs : d'une part, l'ambiguïté du soutien de l'URSS aux opposants à Franco dans la guerre civile espagnole (l'Union soviétique cherchant plus à servir ses propres intérêts qu'à défendre la cause républicaine) ; d'autre part, le pacte de non-agression germano-soviétique, que Staline signe en 1939 avec l'Allemagne nazie afin d'éviter un conflit armé. Pour Orwell, toute alliance avec le dictateur allemand est une trahison envers la démocratie.

### La Seconde Guerre mondiale

**Le 3 septembre 1939, l'Angleterre et la France déclarent la guerre à l'Allemagne**, à la suite de l'invasion de la Pologne ; c'est le début de la Seconde Guerre mondiale, qui oppose les forces de l'Axe (Allemagne, Italie et Japon) aux forces alliées (France et Angleterre, auxquelles s'associent l'URSS et les États-Unis en 1941). C'est dans ce contexte mouvementé qu'Orwell rédige *La Ferme des animaux*, entre 1943 et 1944. L'œuvre est publiée en août 1945, au moment où le conflit prend fin.

# La structure de l'œuvre

| | Indications temporelles | Actions |
|---|---|---|
| Chap. 1 | Début mars | Réunion des animaux et discours de Sage l'Ancien : appel à la révolte contre les hommes. |
| Chap. 2 | De mars à mai | Mort de Sage l'Ancien. Préparation de la révolte. |
| | Juin | **Soulèvement des animaux** la veille de la Saint-Jean : **prise de la ferme, élaboration des Sept Commandements**. Début de la fenaison. Disparition du lait des vaches. |
| Chap. 3 | De l'été à l'automne | Organisation de la vie à la ferme supervisée par les cochons. |
| Chap. 4 | 12 octobre | **Bataille de l'Étable** : attaque de la ferme par les fermiers des environs. Victoire des animaux grâce à la ruse de Boule de Neige. |
| Chap. 5 | Hiver | Disputes entre Boule de Neige et Napoléon. Débat concernant la construction d'un moulin à vent, et expulsion de Boule de Neige. **Prise du pouvoir par Napoléon. Fin de la démocratie**. |
| | | Décision par Napoléon de commencer la construction du moulin. |
| Chap. 6 | Printemps | Augmentation de la charge de travail pour les animaux : **construction du moulin à vent**. |
| | Été | Début du commerce avec les hommes par l'intermédiaire de Mr. Whymper. Emménagement des cochons dans la maison et modification du Quatrième Commandement. |
| | Novembre | Destruction du moulin un soir de tempête. **Condamnation de Boule de Neige**, tenu pour responsable. |

| | | |
|---|---|---|
| **Chap. 7** | Hiver | Début de la reconstruction du moulin. |
| | Janvier | Disette. Décision de vendre des œufs et révolte des poules, écrasée par Napoléon. |
| | Printemps | Boule de Neige déclaré ennemi public. **Terreur: exécutions sommaires d'animaux accusés de trahison**. Modification de l'hymne des animaux. |
| **Chap. 8** | Printemps | Modification du Sixième Commandement. **Culte de la personnalité** développé autour de Napoléon. |
| | Été | Négociations pour la vente du bois. |
| | Automne | Achèvement de la construction du moulin à vent. Vente du bois à Frederick, qui paie en faux billets. Attaque de la ferme par Frederick, destruction du moulin, et difficile victoire des animaux. Découverte du whisky par les cochons, ivresse, et modification du Cinquième Commandement. |
| **Chap. 9** | Hiver Février | Hiver rigoureux, travail toujours plus dur. Production de bière par les cochons. Organisation de cérémonies de célébration. |
| | Avril | Proclamation de la République. Napoléon, seul candidat à la présidence, est plébiscité. |
| | Été | Blessure de Malabar, vendu à l'équarrisseur. |
| **Chap. 10** | Plusieurs années plus tard | Vieillissement de tous, renouvellement de la population de la ferme, qui s'est enrichie. **Oubli du passé**. Espoir d'une vie meilleure intact. |
| | Été | Les cochons ont appris à marcher sur leurs pattes arrière: entorse aux trois premiers Commandements. Réécriture du Septième et désormais unique Commandement. Visite des hommes et réconciliation, puis dispute. |

Fiche 4

# Les grands thèmes de l'œuvre

## De la révolte à la révolution

*La Ferme des animaux* est l'histoire d'une révolte face à une situation d'oppression. Elle comporte plusieurs étapes.

• **Dans un premier temps, les animaux élaborent une théorie** qui remet en question le système qui les exploite et qui appelle au soulèvement. Cette théorie est formulée par Sage l'Ancien (p. 11-15), puis transformée par les cochons en un système philosophique nommé l'Animalisme (p. 20). Les idées révolutionnaires sont diffusées par le biais de réunions secrètes, et les animaux s'organisent.

• **La deuxième étape est le soulèvement**, raconté au chapitre 2. L'événement déclencheur est le mauvais traitement réservé aux animaux par le fermier : c'est la souffrance qui les pousse à agir.

• **La dernière étape est l'organisation d'une société nouvelle** : les animaux prennent possession des terres et redistribuent équitablement les vivres (p. 22-24). Puis ils constituent un nouveau système politique démocratique, où les décisions sont prises par tous. On est donc passé d'une simple révolte à une révolution, puisque le soulèvement entraîne une réorganisation sociale et politique complète.

**Cependant, cette révolution n'aboutit qu'à un retour à la situation initiale** : le cochon a simplement remplacé l'homme puisqu'il est devenu l'oppresseur. Au cœur de ce système, les poules tentent de se révolter au chapitre 7. Cette révolte n'aboutit pas : spontanée, elle manque d'organisation, et les autres animaux sont trop effrayés pour la suivre.

**La fable offre donc une image pessimiste du soulèvement : toute révolte est vaine,** à plus ou moins long terme. En effet, le peuple manifeste vite son besoin de se soumettre à l'autorité d'un chef. Les animaux prennent pour habitude de vénérer le tyran à tout propos (chap. 8, l. 43-56), ils l'élisent à la tête de leur République (chap. 9, l. 120-122), et finissent même par apprécier les cérémonies militaires à sa gloire (chap. 9, l. 93-119).

## Le travail

**La question du travail est à l'origine de la révolte** : exploités par Jones, les animaux ne bénéficient pas du fruit de leur labeur. Après l'expulsion du fermier, leur rapport au travail change complètement. Cultivant la terre pour eux-mêmes, ils ne considèrent plus le travail comme une contrainte, mais comme une preuve d'indépendance et de liberté.

**Orwell propose ainsi une illustration des théories socialistes, et notamment de celles de Karl Marx** (1818-1883). Aux sociétés capitalistes, dans lesquelles les dirigeants exploitent les prolétaires, Marx oppose un modèle de société plus juste, dans laquelle les terres et les moyens de production sont mis en commun pour que le travail de chacun profite à tous.

L'expulsion de Jones ne réduit cependant pas la charge de travail des animaux: à la récolte s'ajoute la construction du moulin. Le gouvernement des cochons allonge les horaires de travail (chap. 6) pour **remplir les objectifs de production de la ferme**. Dans ce contexte, Malabar, travailleur acharné, est présenté comme un modèle, à l'image de Stakhanov (1905-1977), un mineur d'URSS dont la productivité et le dévouement ont été à l'origine d'une campagne de propagande, **le stakhanovisme**, visant à augmenter le rendement des travailleurs.

Ainsi, même au cœur d'une société souhaitant le bonheur de tous, les travailleurs doivent repousser leurs limites jusqu'à l'épuisement. **À la fin de la fable, la ferme est revenue à un modèle capitaliste**: l'exploitation appartient exclusivement aux cochons (p. 122, l. 267-269), et la ferme, modernisée, est organisée pour obtenir le meilleur rendement possible, sans souci du bien-être des animaux.

## La dictature

**Deux régimes tyranniques apparaissent dans la fable**. Le premier est **celui de Jones**, fermier cruel qui maltraite ses bêtes et les tue dès qu'elles ne lui sont plus utiles. Les animaux ont alors conscience de leur esclavage. Le second est **celui de Napoléon**. Il s'agit d'une forme de tyrannie plus insidieuse: née de la révolution, elle se présente comme le fruit d'un choix des animaux.

La dictature s'instaure par étapes. **Dans un premier temps, Napoléon s'approprie tous les pouvoirs**: les cochons, d'abord simples porte-parole des animaux, prennent le commandement de la ferme au début du chapitre 3. Dans un régime démocratique où personne ne fait de propositions, Napoléon et Boule de Neige sont alors les seuls vrais dirigeants. Au chapitre 5, **Napoléon réalise un véritable coup d'État**: il chasse son rival par la force, abolit les assemblées, et devient l'unique chef de la ferme. **Pour asseoir son pouvoir, il élimine toute forme d'opposition**: les chiens qu'il a recueillis et élevés au chapitre 3 lui servent de milice pour semer la terreur et exécuter les animaux dissidents (chap. 7). Les cochons consolident l'autorité du chef à travers une solide propagande, orchestrée par Brille-Babil. Napoléon manipule les esprits en faisant de Boule de Neige un bouc émissaire, en réécrivant les lois ainsi que l'histoire de la ferme (➡ voir fiche 6, p. 138-139). Les animaux, manquant d'instruction, font confiance à leur chef et admettent naïvement ses mensonges.

**Napoléon se place au-dessus des lois et bafoue tous les commandements de l'Animalisme**. Comme tous les cochons, il bénéficie de privilèges dès le chapitre 3 (moins de travail et plus de nourriture), dort dans un lit et fait du commerce avec les hommes au chapitre 6, tue des animaux au chapitre 7 et boit de l'alcool au chapitre 8. Ainsi, la modification du dernier commandement, rapportée au chapitre 10, qui stipule que certains animaux sont «plus égaux que les autres», ne fait qu'officialiser une situation qui existe depuis les premiers temps de la révolution animale.

# Un récit argumentatif

## Un apologue

*La Ferme des animaux* est un **apologue, c'est-à-dire un court récit à portée didactique.** L'histoire amuse le lecteur, car elle met en scène des animaux personnifiés qui sont amenés à agir comme des hommes. La confrontation entre leur nature animale et les situations humaines (débats politiques, usage des outils, cérémonies de commémoration...) crée un décalage humoristique.

Mais au-delà de son caractère plaisant, le récit dissimule **un enseignement à la fois social, politique et philosophique.** D'abord, il offre une réflexion sur l'exploitation des masses dans une économie où les biens de production sont détenus par une minorité de privilégiés. Il dénonce en outre un type de régime politique, le régime totalitaire. Enfin, il pousse le lecteur à s'interroger sur les aspects les plus sombres de la nature humaine: la violence et la soumission.

Il existe plusieurs genres se rattachant à l'apologue, notamment la fable, le conte philosophique, l'utopie ou la contre-utopie. Or le récit d'Orwell est difficile à classer car il relève de tous ces genres à la fois.

## Une fable

**La fable, court récit comportant une morale et mettant souvent en scène des animaux,** est née dans l'Antiquité. Ésope (VIIᵉ-VIᵉ siècle av. J.-C.), poète grec, et Phèdre (Iᵉʳ siècle ap. J.-C.), poète latin, sont les premiers maîtres du genre. Au XVIIᵉ siècle, La Fontaine (1621-1695) revisite cette tradition pour dénoncer les travers de son temps dans ses douze livres de *Fables*: le roi y prend les traits du lion, et ses courtisans ceux de prédateurs tels que l'ours, le loup ou le renard.

**On reconnaît dans le récit d'Orwell les caractéristiques de la fable: les animaux y sont personnifiés, et représentent des catégories sociales ou des types de caractères particuliers.** Les cochons, dans les premiers chapitres, constituent une élite intellectuelle capable de mener une réflexion critique contre le pouvoir en place. Progressivement, ils deviennent la classe dirigeante, un petit nombre de privilégiés qui assoient leur puissance sur la crédulité du peuple. Les autres animaux, qui travaillent dur pour gagner leur subsistance, représentent le prolétariat, à quelques exceptions. Les moutons qui répètent en chœur tout ce qu'on veut leur faire dire incarnent notamment le peuple crédule, dénué d'esprit critique. Lubie peut faire penser aux aristocrates déchus qui ne peuvent se résigner à sacrifier leurs anciens plaisirs. Moïse, le corbeau, symbolise l'institution religieuse: il promet le paradis aux animaux, mais ne propose aucun remède concret à leurs problèmes. **Ainsi, le lecteur peut voir dans le récit d'Orwell une**

**image animale de toute société humaine inégalitaire.**

## Un conte philosophique ?

Le titre original du récit, *Animal Farm*, est accompagné d'un sous-titre : *A Fairy Story*, « un conte de fées ». Cependant, hormis la capacité des animaux à communiquer entre eux, le récit d'Orwell est dénué de merveilleux. De plus, *La Ferme des animaux* semble proposer au lecteur **un conte inversé, qui commence par le dénouement heureux** (le mauvais fermier est puni et le bonheur est promis aux animaux), et se poursuit par des péripéties menant à un désastre digne d'une situation initiale (les animaux travaillent très dur et sont dirigés par un tyran). *La Ferme des animaux* **se rapproche alors du conte philosophique** : le récit pousse le lecteur à s'interroger sur la nature humaine et notamment sur les relations entre dirigeants et dirigés. Au lieu de proposer un modèle et de donner des réponses, le conte philosophique critique les situations existantes et invite le lecteur à se poser des questions.

## Une contre-utopie ?

**Alors que l'utopie imagine un monde parfait, afin de proposer un idéal social et humain, la contre-utopie (ou dystopie) présente au contraire un univers cauchemardesque**, pour dénoncer les dysfonctionnements de la société. Ce genre littéraire se développe au xxe siècle, au moment où la confiance en l'Homme se trouve ébranlée par les conséquences désastreuses des conflits mondiaux et par les atrocités commises sous les régimes totalitaires.

**Le premier chapitre de *La Ferme des animaux*, à travers le rêve de Sage l'Ancien et les paroles de la chanson *Bêtes d'Angleterre***, propose un modèle de vie utopique, où chacun pourrait vivre en paix, pour le bonheur de tous. Cependant, le récit tourne vite au cauchemar : la révolte, qui devait rendre les animaux libres et égaux, mène à une dictature où les cochons détiennent tous les pouvoirs et tuent leurs camarades à la tâche. Orwell montre ainsi **comment le rêve utopique de bonheur peut être utilisé par les tyrans pour justifier des actes inacceptables.**

Il poursuit sa mise en garde contre les régimes totalitaires dans une autre contre-utopie bien plus sombre : dans le roman *1984*, publié en 1949, l'écrivain imagine une société où les hommes, surveillés en permanence, n'ont plus aucune liberté d'expression, ni même de pensée, et se soumettent à un régime qui fait de la guerre, de l'esclavage et de l'ignorance ses valeurs fondamentales.

# Les procédés argumentatifs
# au cœur de la fable

## La rhétorique des cochons

Au cœur du récit, les animaux argumentent entre eux, et certains font preuve d'une éloquence particulièrement persuasive. C'est le cas de Sage l'Ancien dans le chapitre 1. **Son discours est construit selon les règles de l'art oratoire** élaboré par les auteurs antiques, le philosophe grec Aristote (IVᵉ siècle av. J.-C.) et l'écrivain latin Quintilien (Iᵉʳ siècle ap. J.-C.).

• Sage l'Ancien **choisit des arguments efficaces** (en latin, on parle d'*inventio*), aussi bien affectifs que rationnels, qui mettent en évidence la souffrance des animaux et la cruauté des humains.

• Ensuite, il **organise soigneusement son discours** (*dispositio*): exorde, rappel des faits, développement des arguments et péroraison. Le propos suit une progression rigoureuse.

• De plus, le vieux cochon **travaille le style de son discours** (*elocutio*), en l'animant de figures de rhétorique (parallélismes, hyperboles ou métaphores) et en choisissant un vocabulaire percutant.

• Enfin, Sage l'Ancien **énonce son discours avec vivacité** (*actio*): il adopte un ton virulent pour faire partager son indignation.

Plus loin dans le récit, Brille-Babil fait preuve des mêmes qualités dans des discours plus brefs, mais **il met ses talents d'orateur au service de la tyrannie de Napoléon**. Ses propos s'inscrivent dans une vaste propagande destinée à persuader les animaux que le régime de Napoléon est le meilleur pour eux.

## La propagande

Tout d'abord, le discours de Brille-Babil vise à **justifier systématiquement et à faire accepter par les animaux les mesures prises par Napoléon**. Dès le chapitre 3, l'habile orateur explique pourquoi les cochons ont besoin de plus de nourriture et de repos que les autres (l. 187-197). Au chapitre 6, il reprend les mêmes arguments pour justifier l'utilisation des lits par les cochons. Dès que les animaux émettent quelques réserves, **il les effraie en brandissant le spectre de Jones**: toute opposition aux mesures de Napoléon est réduite à un retour en arrière qui entraînera la reprise du pouvoir par le fermier. Par ailleurs, **les discours de Brille-Babil désignent un faux responsable aux malheurs du peuple**: il accuse Boule de Neige de tous les méfaits possibles, notamment de la destruction du moulin (chap. 6) ou de l'empoisonnement de Napoléon (chap. 8).

Pour mieux persuader les animaux, **Brille-Babil n'hésite pas à pratiquer le mensonge et la désinformation**: il dissimule les réelles intentions de Napoléon quant à l'évolution de la ferme (notamment sur la production d'alcool ou l'alliance avec les hommes). **Il réécrit l'histoire**, en modifiant les commandements à l'insu des animaux, ou en changeant le rôle de Boule de Neige dans la mémoire collective. Au chapitre 5, il déclare que le moulin à vent a toujours été une idée de Napoléon (l. 278-289); au chapitre 7, il accuse Boule de Neige d'avoir déserté lors de la bataille de l'Étable, prétendant que son repli n'était pas une stratégie, mais une preuve de lâcheté (l. 140-176). Finalement, Brille-Babil parvient très bien à réaliser ce que redoutait Sage l'Ancien: il fait «prendre des vessies pour des lanternes» aux animaux (p. 14). À la fin de la fable, les bêtes n'ont plus qu'un vague souvenir de la révolte d'origine, et plus personne ne conteste l'autorité des cochons.

**Enfin, le dernier outil de la propagande de Napoléon est le culte de la personnalité** qui se développe au chapitre 8: son image envahit la ferme (peinte en frontispice des Sept Commandements ou célébrée dans les poèmes de Minimus) et les animaux sont invités à le vénérer, en lui attribuant des titres élogieux (l. 43-46).

Orwell montre ainsi comment **la propagande permet de manipuler les esprits** et de faire accepter les pires mesures à un peuple naïf, en s'appuyant sur ses peurs et sur ses espoirs.

## L'ironie du narrateur

**Le narrateur intervient ironiquement tout au long du récit pour attirer l'attention du lecteur sur ces procédés de manipulation.** L'ironie consiste à dire une chose et en suggérer une autre (généralement son contraire). Face aux différents événements qui déstabilisent la ferme, le narrateur feint d'adopter la naïveté des animaux pour mieux dénoncer leur aveuglement. Par exemple, à la fin du chapitre 3, après le discours de Brille-Babil visant à justifier les privilèges alimentaires des cochons par leur activité cérébrale et leur rôle de dirigeants de la ferme, le narrateur conclut: «l'importance de maintenir les cochons en bonne forme s'imposait donc à l'évidence» (p. 36). **L'absurdité de la situation (nourrir plus ceux qui travaillent le moins) conduit le lecteur à déceler l'ironie du propos, ce qui crée une complicité plaisante avec le narrateur.**

De même, au début du chapitre 6, lorsque Napoléon oblige les animaux à travailler soixante heures par semaine et le dimanche après-midi, le narrateur ajoute: «ce surcroît d'effort leur était demandé à titre tout à fait volontaire, étant bien entendu que tout animal qui se récuserait aurait ses rations réduites de moitié» (p. 61). Le paradoxe entre l'idée de volontariat et la menace de sanction est ici un nouvel indice de l'ironie.

Ainsi, en adoptant le point de vue des animaux, **le narrateur dénonce la tyrannie de manière implicite, et fait réfléchir le lecteur sur la naïveté des peuples dans les régimes totalitaires.**

# La question de l'Homme

## De l'homme à l'animal...

En mettant en scène des animaux personnifiés, Orwell suggère que les comportements humains ne sont pas si éloignés de ceux des bêtes. Conformément au principe de la fable, **les animaux représentent des catégories sociales ou des types de caractères humains**. Les cochons, véritable élite intellectuelle, deviennent la nouvelle classe dirigeante qui s'arroge les privilèges autrefois combattus. Les moutons incarnent les masses facilement manipulables, qui suivent un chef aveuglément. Les chevaux symbolisent les travailleurs solidaires et réfléchis : soucieux du bien-être de tous, ils sont les seuls à s'interroger face aux abus de pouvoir des cochons. Les chiens représentent les individus cruels qui assouvissent leurs pulsions violentes en servant la tyrannie. Enfin, l'âne Benjamin incarne le type de l'individu fataliste qui se plaint de sa condition sans jamais passer à l'action.

**Ainsi, les réactions des animaux symbolisent les différents types de comportements humains dans l'adversité**. Orwell joue sur les caractéristiques traditionnellement associées à certains animaux dans l'imaginaire collectif, comme l'instinct grégaire des moutons, ou l'entêtement de l'âne. Tout ce jeu de personnifications a pour but de montrer que **dans le règne humain comme dans le règne animal, les relations entre les individus s'appuient sur deux éléments** essentiels : l'instinct de survie et la lutte de pouvoir.

## ...et de l'animal à l'homme

**Plus les animaux sont amenés à se diriger seuls, plus leur comportement rejoint celui des hommes**. Alors qu'ils étaient relativement égaux face à la tyrannie de Jones, après le départ de celui-ci, les animaux introduisent entre eux une hiérarchie où les cochons, privilégiés, dirigent la ferme, ce qui aboutit à une nouvelle situation d'oppression quand Napoléon prend le pouvoir.

**À la fin de la fable, les cochons ont repris la place des hommes**. Dans le dernier chapitre, Napoléon paraît devant les autres animaux debout sur ses pattes arrière, un fouet à la main, dans la même attitude que celle de Jones au début du récit (chap. 10, l. 133-136). Munis de tous les équipements humains (vêtements, téléphone, radio, journaux), les cochons invitent les hommes à leur table. Le récit se termine sur une confusion totale entre les deux espèces : «les yeux des animaux allaient du cochon à l'homme et de l'homme au cochon [...]; mais déjà il était impossible de distinguer l'un de l'autre». **C'est leur violence commune qui se trouve à l'origine de cette confusion entre hommes et cochons** : quand la dispute éclate au cours d'une partie de cartes, les porcs poussent les mêmes cris et lancent les mêmes regards furieux que les humains.

## Une piètre image de l'Homme

La fable d'Orwell donne une image très critique de l'Homme. **Les personnages humains du récit sont tous antipathiques** : Jones est un fermier violent et alcoolique ; Pilkington laisse sa ferme à l'abandon (chap. 4, l. 15-19) ; Frederick est malhonnête car il paie le bois des cochons avec de faux billets (chap. 8) ; Whymper, qui réalise la transaction, est un traître. De plus, le dernier chapitre montre que **Napoléon a mieux réussi que les hommes dans l'exploitation de la ferme** : modernisée, elle devient un modèle d'organisation et de rendement. Enfin, la ressemblance finale entre l'homme et le cochon vient du fait que la colère a altéré les traits des porcs. Le lecteur doit-il en déduire que **l'Homme n'est qu'une bête défigurée par la colère** ?

## Les systèmes de pensée

Tout comme les hommes, les animaux élaborent un système de pensée à l'origine de leur révolte, l'Animalisme, dont les principes sont énoncés par Sage l'Ancien, et qui est constitué en doctrine par les cochons. Or, tout au long de la fable, **l'Animalisme évolue** : la pensée de Sage l'Ancien est d'abord simplifiée pour être rendue accessible même aux animaux les moins intelligents. Les cochons la réduisent à sept commandements, énoncés à la fin du chapitre 2 (p. 26), puis à une maxime unique, compréhensible par les moutons, poules et canards : «Quatrepattes, oui ! Deuxpattes, non !» (p. 34). Cette formule, exagérément schématique et manichéenne, réduit bien trop le discours de Sage l'Ancien pour refléter la réflexion de celui-ci. Dans la suite du récit, elle empêche les animaux simples d'esprit de distinguer leurs réels ennemis.

**L'Animalisme n'est pas seulement simplifié, il est aussi modifié**. Au fil du récit, les cochons changent les Sept Commandements, en rajoutant des exceptions aux règles : «Nul animal ne dormira dans un lit, *avec des draps*» (chap. 6), «Nul animal ne tuera un autre animal *sans raison valable*» (chap. 8). Au chapitre 10, un seul commandement subsiste, modifié de façon absurde : «Tous les animaux sont égaux mais certains sont plus égaux que les autres». Les moutons ont transformé leur célèbre maxime en «Quatrepattes, bon ! Deuxpattes, mieux !». On est bien loin du rêve de Sage l'Ancien : des principes de l'Animalisme, il ne reste que la forme. Le contenu a entièrement changé, puisqu'à l'origine, la doctrine reposait sur le rejet des humains et le désir d'égalité des animaux.

**Orwell montre ainsi les limites des systèmes de pensée, qui s'adaptent aux besoins des dirigeants et deviennent vite un ensemble de maximes creuses** capables de justifier n'importe quoi. Il invite le lecteur à rester critique à l'égard des doctrines politiques qui portent les rêves du peuple en montrant comment elles peuvent être détournées pour servir les ambitions personnelles d'individus avides de pouvoir.

## Fiche 8

# Une allégorie politique

Dès les premiers mots de son discours, Sage l'Ancien s'adresse aux animaux en les nommant « camarades ». Cette apostrophe, qui a remplacé les termes « monsieur » ou « madame » dans la Russie soviétique, met le lecteur sur la voie d'une interprétation allégorique de la fable. **Il est possible de reconnaître dans la révolte des animaux l'image de la révolution russe de 1917.** Dès lors, tout le récit peut être envisagé comme une critique du régime soviétique.

## Sage l'Ancien ou l'idéal marxiste

Dans le chapitre 1, Sage l'Ancien dénonce la tyrannie de l'être humain, qui exploite les animaux pour son propre profit. **Le lecteur peut reconnaître dans ses propos les théories que Karl Marx développe** avec Friedrich Engels dans le *Manifeste du parti communiste* (1848), et notamment celle de **la lutte des classes** : dans les sociétés capitalistes, une classe (la bourgeoisie) possède les moyens de production et en exploite une autre (le prolétariat), qui travaille dur sans bénéficier de ce qu'elle produit. Sage l'Ancien dénonce une inégalité identique entre l'humain et l'animal : « l'Homme est la seule créature qui consomme sans produire » (p. 12), déclare-t-il. « Débarrassons-nous de l'Homme, et nôtre sera le produit de notre travail » (p. 14). Comme Karl Marx, Sage l'Ancien appelle à la révolte afin de construire une société plus juste.

## Les premiers temps de la révolution

**L'expulsion de Jones est à l'image de la révolution de 1917 en Russie** : un soulèvement des opprimés permet de chasser le dirigeant et d'instaurer un nouveau régime dans lequel le pouvoir et la terre reviennent au peuple. Jones représenterait ainsi le tsar Nicolas II. Son départ est suivi d'une période d'enthousiasme au cours de laquelle la démocratie se met en place. Cependant, des premières difficultés fragilisent la société nouvelle. Au chapitre 4, la bataille de l'Étable rappelle le conflit entre les armées blanches contre-révolutionnaires et l'armée rouge, donnant lieu à une guerre civile entre 1917 et 1922. Enfin, **les disputes entre Boule de Neige et Napoléon** au chapitre 5 sont à l'image de celles qui ont opposé **Trotski et Staline**.

## La dictature du chef suprême

Devenu Secrétaire général du Parti communiste de l'URSS en 1922, Staline œuvre pendant plusieurs années pour s'approprier les plus importantes fonctions de contrôle de l'État, et pour ôter à l'opposition tout moyen de s'exprimer. Il parvient notamment à évincer Trotski du gouvernement en 1925, puis du Parti en 1927, et le condamne à l'exil en 1929.

De même, **Napoléon, aidé de ses molosses, chasse Boule de Neige de la ferme au chapitre 5.**

Dès lors, **la ferme n'est plus une démocratie, mais une dictature**: l'assemblée du dimanche matin est remplacée par un comité de cochons qui prend toutes les décisions sans consulter personne. **Tout comme Staline, Napoléon affermit son pouvoir par une propagande** dirigée par Boule de Neige. Le lecteur peut assimiler ce personnage à la *Pravda*, journal officiel du parti communiste. À l'image des polices politiques soviétiques telles que la Tcheka, le Guépéou ou le NKVD, les molosses de Napoléon traquent les dissidents. **Le chapitre 7, qui met en scène des exécutions sommaires d'animaux accusés de trahison, rappelle les grandes purges** ayant permis à Staline d'éliminer ses opposants, et notamment les procès de Moscou, organisés entre 1936 et 1938. Enfin, à partir du chapitre 8 (p. 88-89), **Napoléon développe le même culte de la personnalité que Staline**: il est vénéré comme un chef infaillible, et son image est glorifiée.

En politique extérieure, les alliances conclues avec les fermes des environs évoquent les décisions de l'URSS face à la montée du nazisme et son implication dans la Seconde Guerre mondiale. **Le marché conclu avec Frederick pour la vente du bois (chap. 8), véritable alliance avec l'ennemi, représente le pacte de non-agression germano-soviétique** de 1939. Mais Frederick brise l'accord et attaque la ferme, comme Hitler

envahit l'URSS en 1941. Enfin, la réconciliation entre les hommes et les cochons, dans le dernier chapitre, peut faire penser aux accords de Yalta, ayant réuni l'URSS, les États-Unis et le Royaume-Uni autour d'objectifs communs pour mettre fin à la guerre et déterminer les principes d'une organisation politique mondiale après le conflit.

## Une dénonciation de tout système d'oppression

Cette lecture allégorique du récit est amusante, car le lecteur est invité à reconnaître des faits, des personnages ou des institutions historiques dans l'histoire des animaux, mais elle est surtout très efficace pour dénoncer les dérives du régime stalinien. Toutefois, il ne faut pas restreindre la fable à cette seule interprétation. **Les caractéristiques de la dictature des cochons (propagande, terreur, purges) se retrouvent dans tous les systèmes totalitaires**. À travers son récit, Orwell cherche surtout à montrer comment, en manipulant les espoirs d'un peuple, un régime peut évoluer vers la tyrannie. **L'écrivain invite le lecteur à rester vigilant à l'égard de toute forme de démagogie, et à développer un esprit critique** pour ne pas se faire manipuler par des doctrines séduisantes. Si le lecteur cherche à reconnaître l'écrivain parmi les personnages de *La Ferme des animaux*, il trouvera peut-être un reflet d'Orwell dans le personnage de Benjamin, seul animal qui reste lucide sur sa condition du début à la fin du récit.

# Citations

## *La Ferme des animaux*

« L'Homme est la seule créature qui consomme sans produire. Il ne donne pas de lait, il ne pond pas d'œufs, il est trop débile pour pousser la charrue, bien trop lent pour attraper un lapin. Pourtant le voici le suzerain de tous les animaux. »

Sage l'Ancien, chapitre 1.

« Ne perdez pas de vue non plus que la lutte elle-même ne doit pas nous changer à la ressemblance de l'ennemi. Même après l'avoir vaincu, gardons-nous de ses vices. »

Sage l'Ancien, chapitre 1.

« Les animaux étaient heureux d'un bonheur qui passait leurs espérances. Tout aliment leur était plus délectable d'être le fruit de leur effort. Car désormais c'était là leur propre manger, produit par eux et pour eux, et non plus l'aumône, accordée à contrecœur, d'un maître parcimonieux. »

Chapitre 2.

« De la discipline, camarades, une discipline de fer ! Tel est aujourd'hui le mot d'ordre. Un seul faux pas, et nos ennemis nous prennent à la gorge. À coup sûr, camarades, vous ne désirez pas le retour de Jones ? »

Brille-Babil, chapitre 5.

« Et de cette façon aveux et exécutions se poursuivirent : à la fin ce fut, aux pieds de Napoléon, un amoncellement de cadavres, et l'air était lourd d'une odeur de sang inconnue depuis le bannissement de Jones. »

Chapitre 7.

« En avril, la Ferme des Animaux fut proclamée République et l'on dut élire un président. Il n'y eut qu'un candidat, Napoléon, qui fut unanimement plébiscité. »

Chapitre 9.

«On eût dit qu'en quelque façon la ferme s'était enrichie sans rendre les animaux plus riches – hormis, assurément, les cochons et les chiens.»

Chapitre 10.

«Seul le vieux Benjamin affirmait se rappeler sa longue vie dans le menu détail, et ainsi savoir que les choses n'avaient jamais été, ni ne pourraient jamais être bien meilleures ou bien pires – la faim, les épreuves et les déboires, telle était, à l'en croire, la loi inaltérable de la vie.

Et pourtant les animaux ne renoncèrent jamais à l'espérance.»

Chapitre 10.

«À aucun des anciens rêves ils n'avaient renoncé. Ils croyaient encore à la bonne nouvelle annoncée par Sage l'Ancien: la République des Animaux. Alors, pensaient-ils, les verts pâturages d'Angleterre ne seraient plus foulés par les humains. Le jour viendrait: pas tout de suite, pas de leur vivant peut-être. N'importe, le jour venait. Même l'air de *Bêtes d'Angleterre* était peut-être fredonné ici et là en secret.»

Chapitre 10.

«Tous les animaux sont égaux
mais certains le sont plus que d'autres.»

Chapitre 10.

«Si vous avez affaire aux animaux inférieurs, nous c'est aux classes inférieures.»

Pilkington, chapitre 10.

«Dehors, les yeux des animaux allaient du cochon à l'homme et de l'homme au cochon, et de nouveau du cochon à l'homme; mais déjà il était impossible de distinguer l'un de l'autre.»

Chapitre 10.

## Sur *La Ferme des animaux*

« La forme exacte d'un tel récit ne s'est toutefois imposée à moi que le jour où (je vivais dans un petit village) je vis un petit garçon d'une dizaine d'années qui menait un énorme cheval de trait le long d'un étroit sentier, le fouettant chaque fois qu'il tentait un écart. L'idée m'a frappé que si de tels animaux prenaient conscience de leur force, nous n'aurions plus aucun pouvoir sur eux, et que les hommes exploitaient les animaux à peu près comme les riches exploitent le prolétariat. J'entrepris de considérer la théorie marxiste du point de vue des animaux. »

George Orwell, préface à l'édition ukrainienne de *La Ferme des animaux*, dans *Essais, articles, lettres*, trad. de l'anglais par Anne Krief, Michel Pétris et Jaime Semprun, Ivréa, 2004.

« Ce qui me pousse au travail, c'est le sentiment d'une injustice et l'idée qu'il faut prendre parti, car même si nous ne pouvons rien empêcher, il faut tenter quelque chose pour s'y opposer. »

George Orwell, *Pourquoi j'écris*, dans *Essais, articles, lettres*, trad. de l'anglais par Anne Krief, Michel Pétris et Jaime Semprun, Ivréa, 2004.

« La liberté est le droit de dire aux gens ce qu'ils ne veulent pas entendre. »

George Orwell, *Défense de* La Ferme des animaux, dans *Essais, articles, lettres*, trad. de l'anglais par Anne Krief, Michel Pétris et Jaime Semprun, Ivréa, 2004.

# Groupements de textes

## Des animaux et des hommes

### Le Roman de Renart

Écrit entre 1175 et 1250 par plus de vingt auteurs souvent anonymes, *Le Roman de Renart* est constitué d'une suite de poèmes indépendants appelés «branches», qui racontent la lutte entre Renart et le loup Ysengrin. Dans l'extrait suivant, Renart est jugé par le roi Noble, le lion. Celui-ci parvient à imposer un accord mettant fin à la guerre opposant Renart et Ysengrin, mais d'autres animaux, le coq Chantecler et la poule Pinte, surviennent pour se plaindre.

Noble vient de passer une rude journée. Il a jugé et présidé, il est fatigué des chicanes[1]. Mais voilà Chantecler et les poules qui arrivent, menant grand bruit, tapant dans leurs mains. Pinte d'abord, et puis les autres, tout ce monde crie à perdre haleine.

– Par Dieu, dit Pinte, nobles animaux, chiens, loups, tous autant que vous êtes, venez en aide à une malheureuse! Maudite soit l'heure où j'ai vu le jour! Mort, viens me prendre, dépêche-toi! puisque Renart ne me laisse pas vivre! Mon père m'avait donné cinq frères: Renart le voleur les mangea tous. Ce fut

---

1. **Chicanes**: contestations de mauvaise foi.

une grande perte et un grand chagrin. Ma mère m'avait donné cinq sœurs, tant poules vierges que jeunes mariées… Gombert du Frêne les nourrissait. Il les soignait pour en faire au plus vite de bonnes pondeuses. Il les engraissa en pure perte : Renart ne lui en laissa qu'une seule. Les quatre autres passèrent dans sa gueule. […]

Hier matin, il est venu… Devant moi, devant la porte, il a jeté le corps de ma sœur morte, puis s'est enfui dans un vallon. Gombert n'avait pas de cheval rapide. Jamais il n'aurait pu rattraper le goupil à pied. Je voulais déposer une plainte contre Renart, mais je ne trouve personne pour me rendre justice. Renart ne craint pas pour deux sous la colère d'autrui et ses menaces.

À ces mots, la malheureuse poule tombe évanouie sur le dallage. Ses trois compagnes en font autant. Tout ce monde est renversé par terre… Grand tumulte dans l'assemblée. Pour remettre debout les quatre dames, le chien, le loup et les autres bêtes se lèvent vivement de leurs tabourets et leur jettent de l'eau sur la tête.

Il est écrit dans la chronique[1] que, revenues de leur évanouissement et voyant Noble sur son trône, les quatre poules toutes ensemble vont se jeter au bas des marches, tandis que Chantecler s'agenouille et baigne de ses larmes les pieds du roi.

Le monarque est saisi de pitié à la vue du jeune écuyer. Incapable de se dominer, il exhale un profond soupir. Bouillant de colère, il redresse la tête. Il n'y eut jamais de bête assez brave, même l'ours ou le sanglier, pour ne pas être glacé de terreur quand le lion soupire et rugit. Couard le lièvre en attrape la fièvre. Il va trembler pendant deux jours. La Cour frissonne à l'unisson. Les plus forts ont la chair de poule. Les plus hardis frémissent d'angoisse. Noble, dans sa rage, relève la queue, et s'en bat les flancs de désespoir, si fort que tout le palais en résonne. Et puis il a pris la parole, et voici quel est son discours :

– Dame Pinte, par la foi que je dois à l'âme de mon père – au nom de qui je n'ai encore pas fait l'aumône aujourd'hui –, je vous assure que votre peine m'accable, et je voudrais pouvoir faire quelque chose pour l'adoucir. Mais je vais convoquer Renart, et

---

1. **Chronique** : recueil de faits historiques.

de vos yeux et de vos oreilles vous pourrez apprécier toute l'étendue de ma vengeance… Je veux le punir une fois pour toutes de ses crimes et de ses exactions.

*Le Roman de Renart*, branche I, trad. de l'ancien français par P. Mezinski, Belin-Gallimard, «Classico», 2010.

# Jean de La Fontaine, «Le Lion, le Loup et le Renard»

Jean de La Fontaine (1621-1695) a publié, en trois recueils, douze livres de *Fables* entre 1668 et 1694, s'inspirant du poète grec Ésope (VIIᵉ-VIᵉ siècle av. J.-C.) et du poète latin Phèdre (Iᵉʳ siècle ap. J.-C.). Le récit suivant offre au lecteur une satire de la cour de Louis XIV et des courtisans.

## Le Lion, le Loup et le Renard

Un Lion décrépit, goutteux[1], n'en pouvant plus,
Voulait que l'on trouvât remède à la vieillesse :
Alléguer l'impossible aux Rois, c'est un abus[2].
    Celui-ci parmi chaque espèce
Manda[3] des Médecins ; il en est de tous arts :
Médecins au Lion viennent de toutes parts ;
De tous côtés lui vient des donneurs de recettes.
    Dans les visites qui sont faites,
Le Renard se dispense, et se tient clos et coi[4].
Le Loup en fait sa cour, daube[5] au coucher du Roi
Son camarade absent ; le Prince tout à l'heure
Veut qu'on aille enfumer Renard dans sa demeure,
Qu'on le fasse venir. Il vient, est présenté ;
Et, sachant que le Loup lui faisait cette affaire :
Je crains, Sire, dit-il, qu'un rapport peu sincère,

---

1. **Goutteux** : atteint de la goutte, maladie des articulations.
2. **Alléguer l'impossible aux Rois, c'est un abus** : dire à un roi qu'une chose est impossible est une erreur.
3. **Manda** : fit venir.
4. **Se tient clos et coi** : reste chez lui et se tait.
5. **Daube** : médit, raille.

Ne m'ait à mépris imputé[1]
D'avoir différé cet hommage ;
Mais j'étais en pèlerinage ;
Et m'acquittais d'un vœu fait pour votre santé.
Même j'ai vu dans mon voyage
Gens experts et savants ; leur ai dit la langueur[2]
Dont votre Majesté craint à bon droit[3] la suite.
Vous ne manquez que de chaleur :
Le long âge en vous l'a détruite :
D'un Loup écorché vif appliquez-vous la peau
Toute chaude et toute fumante ;
Le secret sans doute en est beau
Pour la nature défaillante.
Messire Loup vous servira,
S'il vous plaît, de robe de chambre.
Le Roi goûte cet avis-là :
On écorche, on taille, on démembre
Messire Loup. Le Monarque en soupa,
Et de sa peau s'enveloppa ;

Messieurs les courtisans, cessez de vous détruire :
Faites si vous pouvez votre cour sans vous nuire.
Le mal se rend chez vous au quadruple du bien.
Les daubeurs ont leur tour d'une ou d'autre manière :
Vous êtes dans une carrière
Où l'on ne se pardonne rien.

Jean de La Fontaine, Fables, livre VIII [1678],<br>Belin-Gallimard, « Classico », 2015.

---

1. **Ne m'ait à mépris imputé** : ne m'ait à tort accusé.
2. **Langueur** : fatigue.
3. **À bon droit** : avec raison.

# Victor Hugo, « Fable ou Histoire »

Chef de file du romantisme, Victor Hugo (1802-1885) devient un farouche opposant à Louis-Napoléon Bonaparte après son coup d'État du 2 décembre 1851. Contraint à l'exil, l'écrivain rédige à Jersey un recueil de poèmes dénonçant la tyrannie du nouvel empereur, publié en 1853 sous le titre *Les Châtiments*. Dans le poème suivant, Hugo reprend le genre de la fable pour représenter Napoléon III sous les traits d'un singe sanguinaire.

### Fable ou Histoire

Un jour, maigre et sentant un royal appétit,
Un singe d'une peau de tigre se vêtit.
Le tigre avait été méchant ; lui, fut atroce.
Il avait endossé le droit d'être féroce.
Il se mit à grincer des dents, criant : je suis
Le vainqueur des halliers[1], le roi sombre des nuits !
Il s'embusqua, brigand des bois, dans les épines ;
Il entassa l'horreur, le meurtre, les rapines[2],
Égorgea les passants, dévasta la forêt,
Fit tout ce qu'avait fait la peau qui le couvrait.
Il vivait dans un antre, entouré de carnage.
Chacun, voyant la peau, croyait au personnage.
Il s'écriait, poussant d'affreux rugissements :
Regardez, ma caverne est pleine d'ossements ;
Devant moi, tout recule et frémit, tout émigre,
Tout tremble ; admirez-moi, voyez, je suis un tigre !
Les bêtes l'admiraient, et fuyaient à grands pas.
Un belluaire[3] vint, le saisit dans ses bras,
Déchira cette peau comme on déchire un linge,
Mit à nu ce vainqueur, et dit : tu n'es qu'un singe.

Jersey, septembre 1852.

Victor Hugo, *Les Châtiments* [1853], in *Anthologie poétique*,
Belin-Gallimard, « Classico », 2015.

---

1. **Halliers** : buissons.
2. **Rapines** : vols.
3. **Belluaire** : gladiateur combattant les bêtes féroces.

# Franz Kafka, *La Métamorphose*

Franz Kafka (1883-1924) est un écrivain tchèque d'expression allemande. En 1916, il publie l'un de ses plus grands succès, un récit déroutant racontant la métamorphose d'un homme, Gregor Samsa, en un énorme insecte. La nouvelle évoque non seulement la transformation du personnage principal, mais aussi celle de son entourage, et notamment de sa famille, qui se révèle au contact de cet être monstrueux. Le passage qui suit est l'incipit du récit.

Lorsque Gregor Samsa s'éveilla un matin au sortir de rêves agités, il se retrouva dans son lit changé en un énorme cancrelat[1]. Il était couché sur son dos, dur comme une carapace et, lorsqu'il levait un peu la tête, il découvrait un ventre brun, bombé, partagé par des indurations en forme d'arc, sur lequel la couverture avait de la peine à tenir et semblait à tout moment près de glisser. Ses nombreuses pattes pitoyablement minces quand on les comparait à l'ensemble de sa taille, papillotaient maladroitement devant ses yeux.

« Que m'est-il arrivé ? » pensa-t-il. Ce n'était pas un rêve. Sa chambre, une chambre humaine ordinaire, tout au plus un peu exiguë, était toujours là entre les quatre cloisons qu'il connaissait bien. Au-dessus de la table, sur laquelle était déballée une collection d'échantillons de lainages – Samsa était voyageur de commerce –, était accrochée la gravure qu'il avait récemment découpée dans une revue illustrée et qu'il avait installée dans un joli cadre doré. Elle représentait une dame, assise tout droit sur une chaise, avec une toque de fourrure et un boa, qui tendait vers les gens un lourd manchon, dans lequel son avant-bras disparaissait tout entier.

Le regard de Gregor se dirigea alors vers la fenêtre et le temps maussade – on entendait les gouttes de pluie frapper l'encadrement de métal – le rendit tout mélancolique. « Et si je continuais un peu à dormir et oubliais toutes ces bêtises », pensa-t-il, mais cela était tout à fait irréalisable, car il avait coutume de dormir sur le côté droit et il lui était impossible, dans son état actuel, de

---

1. **Cancrelat** : cafard.

se mettre dans cette position. Il avait beau se jeter de toutes ses forces sur le côté droit, il rebondissait sans cesse sur le dos. Il essaya bien une centaine de fois, en fermant les yeux pour ne pas être obligé de voir s'agiter ses petites pattes, et n'arrêta que quand il commença à éprouver sur le côté une douleur sourde, qu'il ne connaissait pas encore.

« Ah, mon Dieu », pensa-t-il, « quel métier exténuant j'ai donc choisi ! Jour après jour en voyage. Les ennuis professionnels sont bien plus grands que ceux qu'on aurait en restant au magasin et j'ai par-dessus le marché la corvée des voyages, le souci des changements de trains, la nourriture irrégulière et médiocre, des têtes toujours nouvelles, jamais de relations durables ni cordiales avec personne. Le diable emporte ce métier ! »

Franz Kafka, *La Métamorphose* [1916], trad. de l'allemand par C. David, Gallimard, « Folio classique », 2000.

## Jean Anouilh, « La cigale »

Jean Anouilh (1910-1987) publie un recueil de fables en 1962. Il s'inspire de La Fontaine tout en détournant son modèle, et propose des fables actualisées, où les animaux reflètent les membres de la bourgeoisie, les artistes ou encore les intellectuels de son temps. Dans un « avertissement hypocrite » au recueil, il affirme qu'il faut les lire avec autant de légèreté qu'il les a écrites.

La cigale

La cigale ayant chanté
Tout l'été,
Dans maints casinos, maintes boîtes
Se trouva fort bien pourvue
Quand la bise fut venue.
Elle en avait à gauche, elle en avait à droite,
Dans plusieurs établissements.
Restait à assurer un fécond placement.

Elle alla trouver un renard,
Spécialisé dans les prêts hypothécaires[1]
Qui, la voyant entrer l'œil noyé sous le fard,
Tout enfantine et minaudière[2],
Crut qu'il tenait la bonne affaire.
« Madame, lui dit-il, j'ai le plus grand respect
Pour votre art et pour les artistes.
L'argent, hélas ! n'est qu'un aspect
Bien trivial, je dirais bien triste,
Si nous n'en avions tous besoin,
De la condition humaine.
L'argent réclame des soins.
Il ne doit pourtant pas, devenir une gêne.
À d'autres qui n'ont pas vos dons de poésie
Vous qui planez, laissez, laissez le rôle ingrat
De gérer vos économies,
À trop de bas calculs votre art s'étiolera[3].
Vous perdriez votre génie.
Signez donc ce petit blanc-seing[4]
Et ne vous occupez de rien. »
Souriant avec bonhomie,
« Croyez, Madame, ajouta-t-il, je voudrais, moi,
Pouvoir, tout comme vous, ne sacrifier qu'aux muses[5] ! »

Il tendait son papier. « Je crois que l'on s'amuse »,
Lui dit la cigale, l'œil froid.
Le renard, tout sucre et tout miel,
Vit un regard d'acier briller sous le rimmel.
« Si j'ai frappé à votre porte,
Sachant le taux exorbitant que vous prenez,
C'est que j'entends que la chose rapporte.

---

**1. Prêts hypothécaires** : prêts qui prennent pour garantie les biens de l'emprunteur qui sont saisis si ce dernier ne peut rembourser la somme à l'échéance.
**2. Minaudière** : minaudant, faisant des mines, des moues séductrices.
**3. S'étiolera** : s'affaiblira.
**4. Blanc-seing** : feuille blanche signée, qui laisse à celui à qui on la donne la liberté de la remplir comme il le souhaite.
**5. Ne sacrifier qu'aux muses** : ne me consacrer qu'à l'art.

Je sais votre taux d'intérêt.
C'est le mien. Vous l'augmenterez
Légèrement, pour trouver votre bénéfice.
J'entends que mon tas d'or grossisse.
J'ai un serpent pour avocat.
Il passera demain discuter du contrat.»
L'œil perdu, ayant vérifié son fard,
Drapée avec élégance
Dans une cape de renard
(Que le renard feignit de ne pas avoir vue),
Elle précisa en sortant :
«Je veux que vous prêtiez aux pauvres seulement…»
(Ce dernier trait rendit au renard l'espérance.)
«Oui, conclut la cigale au sourire charmant,
On dit qu'en cas de non-paiement
D'une ou l'autre des échéances,
C'est eux dont on vend tout le plus facilement.»

Maître Renard qui se croyait cynique
S'inclina. Mais depuis, il apprend la musique.

Jean Anouilh, *Fables* [1962], Gallimard, «Folio», 1973.

# Art Spiegelman, *Maus*

De 1981 à 1991, Art Spiegelman retrace en bande dessinée les conversations au cours desquelles son père, juif polonais survivant d'Auschwitz, lui a raconté son histoire. Peut-être pour rendre ce récit plus supportable, il choisit de représenter les humains sous des traits animaux. Les juifs sont ainsi dessinés comme des souris et les Allemands sont des chats : le choix des espèces est bien sûr significatif. Dans l'extrait suivant, le père émet des suppositions sur la mort d'un de ses amis et évoque son propre destin au camp, plus chanceux, parce qu'il avait su s'attirer la protection de certains «kapos» (prisonniers chargés de l'encadrement des autres) polonais, représentés sous les traits de cochons.

Art Spiegelman, *Maus* [1981-1991], t. II,
trad. de l'anglais par J. Ertel, Flammarion, 1992.
© 1986, 1989, 1990, 1991 by Art Spiegelman.

156

# Rêves de mondes meilleurs

## Émile Zola, *Germinal*

Dans ce roman, Émile Zola (1840-1902) évoque la vie des mineurs du nord de la France. Étienne Lantier, jeune mineur révolutionnaire, pousse les ouvriers à la grève lorsque la Compagnie des mines décrète une baisse des salaires. Après plusieurs semaines d'interruption du travail, la direction refuse toujours toute négociation. Lors d'une réunion clandestine, tenue la nuit dans la forêt, Étienne expose à ses camarades son rêve d'une société plus juste, dans laquelle la mine appartiendrait aux mineurs.

D'abord, il posait que la liberté ne pouvait être obtenue que par la destruction de l'État. Puis, quand le peuple se serait emparé du gouvernement, les réformes commenceraient: retour à la commune primitive, substitution d'une famille égalitaire et libre à la famille morale et oppressive, égalité absolue, civile, politique et économique, garantie de l'indépendance individuelle grâce à la possession et au produit intégral des outils du travail, enfin instruction professionnelle et gratuite, payée par la collectivité. Cela entraînait une refonte totale de la vieille société pourrie; il attaquait le mariage, le droit de tester[1], il réglementait la fortune de chacun, il jetait bas le monument inique[2] des siècles morts, d'un grand geste de son bras, toujours le même, le geste du faucheur qui rase la moisson mûre; et il reconstruisait ensuite de l'autre main, il bâtissait la future humanité, l'édifice de vérité et de justice, grandissant dans l'aurore du vingtième siècle. À cette tension cérébrale, la raison chancelait, il ne restait que l'idée fixe du sectaire. Les scrupules de sa sensibilité et de son bon sens étaient emportés, rien ne devenait plus facile que la réalisation de ce monde nouveau: il avait tout prévu, il en parlait comme d'une machine qu'il monterait en deux heures, et ni le feu, et ni le sang ne lui coûtaient.

---

1. **Tester**: transmettre ses biens par testament.
2. **Inique**: injuste.

– Notre tour est venu, lança-t-il dans un dernier éclat. C'est à nous d'avoir le pouvoir et la richesse !

Une acclamation roula jusqu'à lui, du fond de la forêt.

La lune, maintenant, blanchissait toute la clairière, découpait en arêtes vives la houle des têtes, jusqu'aux lointains confus des taillis, entre les grands troncs grisâtres. Et c'était sous l'air glacial, une furie de visages, des yeux luisants, des bouches ouvertes, tout un rut[1] de peuple, les hommes, les femmes, les enfants, affamés et lâchés au juste pillage de l'antique bien dont on les dépossédait. Ils ne sentaient plus le froid, ces ardentes paroles les avaient chauffés aux entrailles. Une exaltation religieuse les soulevait de terre, la fièvre d'espoir des premiers chrétiens de l'Église, attendant le règne prochain de la justice. Bien des phrases obscures leur avaient échappé, ils n'entendaient guère ces raisonnements techniques et abstraits ; mais l'obscurité même, l'abstraction élargissait encore le champ des promesses, les enlevait dans un éblouissement. Quel rêve ! être les maîtres, cesser de souffrir, jouir enfin !

Émile Zola, *Germinal* [1885], Gallimard, « Folio classique », 1999.

# Aimé Césaire, *Cahier d'un retour au pays natal*

**Aimé Césaire (1913-2008), poète et homme politique martiniquais, est l'inventeur du terme « négritude », qui désigne un mouvement philosophique et culturel anticolonialiste né au lendemain de la Seconde Guerre mondiale. Sa poésie, qui mêle des influences européennes et africaines, exprime la révolte du peuple noir opprimé. *Cahier d'un retour au pays natal* est le premier recueil poétique publié par Césaire. Il y exprime à la fois son indignation face à la situation présente, et son espoir de changement.**

Écoutez le monde blanc
horriblement las de son effort immense
ses articulations rebelles craquer sous les étoiles dures
ses raideurs d'acier bleu transperçant la chair mystique

---

**1. Rut** : excitation.

écoute ses victoires proditoires[1] trompeter ses défaites
écoute aux alibis grandioses son piètre trébuchement

Pitié pour nos vainqueurs omniscients et naïfs !

Eia[2] pour ceux qui n'ont jamais rien inventé
pour ceux qui n'ont jamais rien exploré
pour ceux qui n'ont jamais rien dompté

Eia pour la joie
Eia pour l'amour
Eia pour la douleur aux pis de larmes réincarnées.

et voici au bout de ce petit matin ma prière virile
que je n'entende ni les rires ni les cris, les yeux fixés sur cette
    ville que je prophétise, belle,
donnez-moi la foi sauvage du sorcier
donnez à mes mains puissance de modeler
donne à mon âme la trempe de l'épée
je ne me dérobe point. Faites de ma tête une tête de proue
et de moi-même, mon cœur, ne faites ni un père, ni un frère,
ni un fils, mais le père, mais le frère, mais le fils,
ni un mari, mais l'amant de cet unique peuple.

Faites-moi rebelle à toute vanité, mais docile à son génie
comme le poing à l'allongée du bras !
Faites-moi commissaire de son sang
faites-moi dépositaire de son ressentiment
faites de moi un homme de terminaison
faites de moi un homme d'initiation
faites de moi un homme de recueillement
mais faites aussi de moi un homme d'ensemencement

---

**1. Proditoires** : déloyales.
**2. Eia** : dans la tragédie grecque, interjection signifiant « courage ! ».

faites de moi l'exécuteur de ces œuvres hautes
voici le temps de se ceindre les reins comme un vaillant
   homme –

Mais le faisant, mon cœur, préservez-moi de toute haine
ne faites point de moi cet homme de haine pour qui je n'ai
   que haine
car pour me cantonner en cette unique race
vous savez pourtant mon amour tyrannique
vous savez que ce n'est point par haine des autres races
que je m'exige bêcheur de cette unique race
que ce que je veux
c'est pour la faim universelle
pour la soif universelle

la sommer libre enfin
de produire de son intimité close
la succulence des fruits.

Aimé Césaire, *Cahier d'un retour au pays natal* [1939], Présence africaine, 2001.

# Paul Éluard, « Courage »

Sous l'occupation allemande, Paul Éluard (1895-1952) publie de nombreux poèmes de résistance, notamment dans le recueil *L'Honneur des poètes*, paru de façon clandestine en 1943, qui rassemble les œuvres d'une vingtaine de poètes engagés. Le poème qui suit y figure, signé du pseudonyme Maurice Hervent. L'année suivante, il paraît sous le nom de Paul Éluard dans le recueil *Au rendez-vous allemand*. Il exprime l'espoir du poète, qui rêve de liberté et appelle au soulèvement.

## Courage

Paris a froid Paris a faim
Paris ne mange plus de marrons dans la rue
Paris a mis de vieux vêtements de vieilles
Paris dort tout debout sans air dans le métro
Plus de malheur encore est imposé aux pauvres

Et la sagesse et la folie
De Paris malheureux
C'est l'air pur c'est le feu
C'est la beauté c'est la bonté
De ses travailleurs affamés
Ne crie pas au secours Paris
Tu es vivant d'une vie sans égale
Et derrière la nudité
De ta pâleur de ta maigreur
Tout ce qui est humain se révèle en tes yeux
Paris ma belle ville
Fine comme une aiguille forte comme une épée
Ingénue et savante
Tu ne supportes pas l'injustice
Pour toi c'est le seul désordre
Tu vas te libérer Paris
Paris tremblant comme une étoile
Notre espoir survivant
Tu vas te libérer de la fatigue et de la boue
Frères ayons du courage
Nous qui ne sommes pas casqués
Ni bottés ni gantés ni bien élevés
Un rayon s'allume en nos veines
Notre lumière nous revient
Les meilleurs d'entre nous sont morts pour nous
Et voici que leur sang retrouve notre cœur
Et c'est de nouveau le matin un matin de Paris
La pointe de la délivrance
L'espace du printemps naissant
La force idiote a le dessous
Ces esclaves nos ennemis
S'ils ont compris
S'ils sont capables de comprendre
Vont se lever.

Paul Éluard, *Au rendez-vous allemand* [1944],
Minuit, « Double minuit », 2012.

# Martin Luther King, « I have a dream »

Martin Luther King (1929-1968) a joué un rôle déterminant dans la lutte non-violente contre la ségrégation raciale aux États-Unis. Dans les années 1960, il organise des conférences et des rassemblements contre le racisme, particulièrement virulent dans les États du Sud. Le 28 août 1963, au terme d'une marche pour la liberté réunissant deux cent mille personnes à Washington, il prononce son plus célèbre discours.

Je vous le dis ici et maintenant, mes amis : même si nous devons affronter des difficultés aujourd'hui et demain, j'ai pourtant un rêve. C'est un rêve profondément ancré dans le rêve américain. Je rêve que, un jour, notre pays se lèvera et vivra pleinement la véritable réalité de son credo : «Nous tenons ces vérités pour évidentes par elles-mêmes que tous les hommes sont créés égaux.»

Je rêve que, un jour, sur les rouges collines de Géorgie, les fils des anciens esclaves et les fils des anciens propriétaires d'esclaves pourront s'asseoir ensemble à la table de la fraternité.

Je rêve que, un jour, l'État du Mississippi lui-même, tout brûlant des feux de l'injustice, tout brûlant des feux de l'oppression, se transformera en oasis de liberté et de justice. Je rêve que mes quatre petits-enfants vivront un jour dans un pays où on ne les jugera pas à la couleur de leur peau, mais à la nature de leur caractère. J'ai aujourd'hui un rêve !

Je rêve que, un jour, même en Alabama où le racisme est vicieux, où le gouverneur a la bouche pleine des mots «interposition» et «nullification», un jour, justement en Alabama, les petits garçons et petites filles noirs, les petits garçons et petites filles blancs, pourront tous se prendre par la main comme frères et sœurs. J'ai aujourd'hui un rêve !

Je rêve que, un jour, tout vallon sera relevé, toute montagne et toute colline seront rabaissées, tout éperon deviendra une plaine, tout mamelon une trouée, et la gloire du Seigneur sera révélée à tous les êtres faits de chair tous à la fois.

Telle est mon espérance. Telle est la foi que je remporterai dans le Sud.

Avec une telle foi nous serons capables de distinguer, dans les montagnes de désespoir, un caillou d'espérance. Avec une telle foi, nous serons capables de transformer la cacophonie de notre nation discordante en une merveilleuse symphonie de fraternité. Avec une telle foi, nous serons capables de travailler ensemble, de prier ensemble, de lutter ensemble, d'aller en prison ensemble, de nous dresser ensemble pour la liberté, en sachant que nous serons libres un jour.

Martin Luther King, discours cité dans *Les Grands Discours du xxᵉ siècle*, présentés par Ch. Boutin, Flammarion, «Champs classiques», 2009.

## Nelson Mandela, Discours d'investiture

Né en 1918, Nelson Mandela a été l'un des chefs de file de la lutte contre l'apartheid en Afrique du Sud. Arrêté en 1962, il a été emprisonné pendant vingt-sept ans. Libéré en 1990, peu avant l'abolition de l'apartheid, il est élu président de la République d'Afrique du Sud en 1994. Dans son discours d'investiture, il prône la réconciliation entre Noirs et Blancs afin de fonder «une nation arc-en-ciel».

Le temps de soigner les blessures est arrivé.

Le temps de combler les fossés qui nous séparent est arrivé.

Le temps de construire est arrivé.

Nous sommes enfin arrivés au terme de notre émancipation politique. Nous nous engageons à libérer notre peuple de l'asservissement dû à la pauvreté, à la privation, à la souffrance, au sexisme et à toute autre discrimination.

Nous avons réussi à passer les dernières étapes vers la liberté dans des conditions de paix relative. Nous nous engageons à construire une paix complète, juste et durable.

Nous avons réussi à implanter l'espoir dans le cœur de millions de personnes de notre peuple. Nous nous engageons à bâtir une société dans laquelle tous les Africains du Sud, qu'ils soient blancs ou noirs, pourront se tenir debout et marcher sans crainte, sûrs de leur droit inaliénable à la dignité humaine – une nation arc-en-ciel, en paix avec elle-même et avec le monde.

Comme preuve de son engagement dans le renouveau de notre pays, le nouveau gouvernement par intérim de l'unité nationale prend la décision, en tant que question urgente, d'amnistier les différentes catégories de compatriotes accomplissant actuellement leur peine d'emprisonnement.

Nous dédions ce jour à tous les héros et héroïnes de ce pays et du reste du monde qui se sont sacrifiés ou ont donné leur vie pour que nous puissions être libres.

Leurs rêves sont devenus réalité. La liberté est leur récompense.

Nous nous sentons à la fois humbles et fiers de l'honneur et du privilège que le peuple d'Afrique du Sud nous fait en nous nommant premier président d'un gouvernement d'union démocratique, non raciste et non sexiste.

Nous sommes conscients que la route vers la liberté n'est pas facile.

Nous sommes conscients qu'aucun de nous ne peut réussir seul.

Nous devons donc agir ensemble, comme un peuple uni, vers une réconciliation nationale, vers la construction d'une nation, vers la naissance d'un nouveau monde.

Que la justice soit la même pour tous.

Que la paix existe pour tous.

Qu'il y ait du pain, du travail, de l'eau et du sel pour tous.

Que chacun d'entre nous sache que son corps, son esprit et son âme ont été libérés afin qu'ils puissent s'épanouir.

Que jamais, jamais plus ce pays magnifique ne revive l'expérience de l'oppression des uns par les autres, ni ne souffre à nouveau de l'indignité d'être le paria du monde.

Que la liberté règne.

Que le soleil ne se couche jamais sur une réalisation humaine aussi éclatante !

Que Dieu bénisse l'Afrique !

Merci.

Nelson Mandela, discours cité dans *Les Grands Discours du xxᵉ siècle*, présentés par Ch. Boutin, Flammarion, « Champs classiques », 2009.

## *Questions sur les groupements de textes*

### ■ Des animaux et des hommes

**a.** Dans les différents textes du groupement, en quoi la mise en scène de l'animal permet-elle de réfléchir sur l'Homme ?

**TICE** **b.** Sur Internet ou au CDI, cherchez des fables de La Fontaine et sélectionnez celle qui vous plaît le plus. Proposez-en une réécriture parodique, à la manière de Jean Anouilh. Rédigez votre fable à l'aide d'un logiciel de traitement de texte, et accompagnez-la d'illustrations, que vous trouverez sur Internet en effectuant une recherche d'images. Veillez à ce que celles-ci soient libres de droits.

Vous trouverez par exemple des fables de La Fontaine sur les sites suivants :

http://www.la-fontaine-ch-thierry.net/fables.htm
http://gallica.bnf.fr/

### ■ Rêves de mondes meilleurs

**a.** Quels espoirs de vie meilleure les auteurs de ces textes expriment-ils ? Comparez les procédés mis en œuvre pour critiquer la situation existante et susciter l'espoir d'un monde nouveau.

**TICE** **b.** Choisissez l'un des textes du groupement, et réalisez un diaporama afin de l'illustrer par des images. Utilisez un moteur de recherche afin de trouver des illustrations adaptées concernant l'auteur, la situation dénoncée et les espoirs évoqués. À l'aide d'un vidéoprojecteur, présentez votre diaporama à vos camarades tout en proposant une lecture vivante du texte choisi.

# Vers l'écrit du Bac

L'épreuve écrite du Bac de français s'appuie sur un corpus (ensemble de textes et de documents iconographiques). Le sujet se compose de deux parties : une ou deux questions portant sur le corpus puis trois travaux d'écriture au choix (commentaire, dissertation, écriture d'invention).

## Sujet **Paroles d'opprimés**

### ☛ La question de l'Homme dans les genres de l'argumentation, du XVIᵉ siècle à nos jours

| *Corpus* | |
|---|---|
| Texte A | Jean de La Fontaine, « Les membres et l'estomac » |
| Texte B | Denis Diderot, *Supplément au Voyage de Bougainville* |
| Texte C | George Orwell, *La Ferme des animaux* |
| Texte D | Aimé Césaire, *Discours sur le colonialisme* |
| Annexe | Diego Bervejillo, *Poings levés* |

## Texte A
## Jean de La Fontaine, « Les membres et l'estomac » (1668)

Les *Fables* de La Fontaine sont de courts récits plaisants illustrant un enseignement moral. Dans celle-ci, ce ne sont pas des animaux, mais des parties du corps humain qui sont personnifiées, et qui invitent le lecteur à s'interroger sur les rapports entre le roi et ses sujets.

### Les membres et l'estomac

Je devais par la royauté
Avoir commencé mon ouvrage :
À la voir d'un certain côté,
Messer Gaster[1] en est l'image ;
S'il a quelque besoin, tout le corps s'en ressent.
De travailler pour lui les membres se lassant,
Chacun d'eux résolut de vivre en gentilhomme[2],
Sans rien faire, alléguant[3] l'exemple de Gaster.
« Il faudrait, disaient-ils, sans nous qu'il vécût d'air.
Nous suons, nous peinons, comme bêtes de somme ;
Et pour qui ? Pour lui seul, nous n'en profitons pas ;
Notre soin n'aboutit qu'à fournir ses repas.
Chômons, c'est un métier qu'il veut nous faire apprendre. »
Ainsi dit, ainsi fait. Les mains cessent de prendre,
Les bras d'agir, les jambes de marcher
Tous dirent à Gaster qu'il en allât chercher[4].
Ce leur fut une erreur dont ils se repentirent
Bientôt les pauvres gens tombèrent en langueur ;
Il ne se forma plus de nouveau sang au cœur ;
Chaque membre en souffrit ; les forces se perdirent.
Par ce moyen, les mutins virent
Que celui qu'ils croyaient oisif[5] et paresseux,
À l'intérêt commun contribuait plus qu'eux.

1. **Messer Gaster** : Messire l'estomac.
2. **Vivre en gentilhomme** : vivre librement.
3. **Alléguant** : s'appuyant sur, invoquant.
4. **Qu'il en allât chercher** : qu'il aille chercher lui-même ce dont il a besoin.
5. **Oisif** : inactif.

Ceci peut s'appliquer à la grandeur royale[1].
Elle reçoit et donne, et la chose est égale.
Tout travaille pour elle, et réciproquement
      Tout tire d'elle l'aliment.
Elle fait subsister l'artisan de ses peines ;
Enrichit le marchand, gage le magistrat,
Maintient le laboureur, donne paie au soldat,
Distribue en cent lieues ses grâces souveraines,
      Entretient seule tout l'État.
[...]

Jean de La Fontaine, *Fables* [1668], livre III.

## Texte B
## Denis Diderot, *Supplément au Voyage de Bougainville* (1772)

Bougainville est un navigateur qui a voyagé autour du monde au XVIII<sup>e</sup> siècle, et notamment à Tahiti. Dans la deuxième partie du *Supplément au Voyage de Bougainville*, Diderot imagine le discours qu'un vieillard tahitien adresse à Bougainville et à son équipage au moment où ceux-ci s'apprêtent à quitter Tahiti. Loin d'être triste de les voir partir comme les autres Tahitiens, le vieil homme craint qu'ils ne reviennent un jour pour coloniser l'île.

« Pleurez, malheureux Tahitiens ! Pleurez ; mais que ce soit de l'arrivée, et non du départ de ces hommes ambitieux et méchants : un jour, vous les connaîtrez mieux. Un jour, ils reviendront, le morceau de bois que vous voyez attaché à la ceinture de celui-ci, dans une main, et le fer qui pend au côté de celui-là, dans l'autre[2], vous enchaîner, vous égorger, ou vous assujettir à leurs extravagances et à leurs vices ; un jour vous servirez sous eux, aussi corrompus, aussi vils[3], aussi malheureux qu'eux. Mais je me console ; je touche à la fin de ma carrière ; et la calamité que je vous annonce, je ne la verrai point. Ô Tahitiens ! ô mes

---

1. **La grandeur royale** : le roi.
2. Le morceau de bois désigne le crucifix du prêtre ; le fer désigne l'épée.
3. **Vils** : mauvais, dignes de mépris.

amis! vous auriez un moyen d'échapper à un funeste avenir[1] ;
mais j'aimerais mieux mourir que de vous en donner le conseil.
Qu'ils s'éloignent, et qu'ils vivent. »

Puis s'adressant à Bougainville, il ajouta : « Et toi, chef des bri-
gands qui t'obéissent, écarte promptement ton vaisseau de notre
rive : nous sommes innocents, nous sommes heureux ; et tu ne
peux que nuire à notre bonheur. Nous suivons le pur instinct de
la nature ; et tu as tenté d'effacer de nos âmes son caractère. Ici
tout est à tous ; et tu nous as prêché je ne sais quelle distinction
du *tien* et du *mien*. Nos filles et nos femmes nous sont communes ;
tu as partagé ce privilège avec nous ; et tu es venu allumer en
elles des fureurs inconnues. Elles sont devenues folles dans tes
bras ; tu es devenu féroce entre les leurs. Elles ont commencé à
se haïr ; vous vous êtes égorgés pour elles ; et elles nous sont revenues teintes de votre sang. Nous sommes libres ; et voilà que tu as
enfoui dans notre terre le titre de notre futur esclavage. Tu n'es
ni un dieu, ni un démon : qui es-tu donc, pour faire des esclaves ?
Orou[2] ! toi qui entends[3] la langue de ces hommes-là, dis-nous à
tous, comme tu me l'as dit à moi, ce qu'ils ont écrit sur cette lame
de métal : *Ce pays est à nous*. Ce pays est à toi ! et pourquoi ? parce
que tu y as mis le pied ? Si un Tahitien débarquait un jour sur vos
côtes, et qu'il gravât sur une de vos pierres ou sur l'écorce d'un de
vos arbres : *Ce pays appartient aux habitants de Tahiti*, qu'en pense-
rais-tu ?... Tu n'es pas esclave : tu souffrirais la mort plutôt que de
l'être, et tu veux nous asservir ! Tu crois donc que le Tahitien ne
sait pas défendre sa liberté et mourir ? Celui dont tu veux t'empa-
rer comme de la brute, le Tahitien est ton frère. Vous êtes deux
enfants de la nature ; quel droit as-tu sur lui qu'il n'ait pas sur toi ?
Tu es venu ; nous sommes-nous jetés sur ta personne ? avons-nous
pillé ton vaisseau ? t'avons-nous saisi et exposé aux flèches de nos
ennemis ? t'avons-nous associé dans nos champs au travail de nos
animaux ? Nous avons respecté notre image en toi. Laisse-nous

---

**1.** Le vieillard sous-entend que les Tahitiens pourraient tuer ces navigateurs pour
éviter leur retour.
**2. Orou** : l'un des Tahitiens, qui parle la langue de Bougainville.
**3. Entends** : comprends.

nos mœurs[1] ; elles sont plus sages et honnêtes que les tiennes ; nous ne voulons plus troquer ce que tu appelles notre ignorance contre tes inutiles lumières[2]. »

Denis Diderot, Supplément au Voyage de Bougainville, 1772.

## Texte C
### George Orwell, *La Ferme des animaux* (1945)

L'Homme est la seule créature qui consomme sans produire. Il ne donne pas de lait, il ne pond pas d'œufs, il est trop débile[3] pour pousser la charrue, bien trop lent pour attraper un lapin. Pourtant le voici le suzerain de tous les animaux. Il distribue les tâches entre eux, mais ne leur donne en retour que la maigre pitance qui les maintient en vie. Puis il garde pour lui le surplus. Qui laboure le sol ? Nous ! Qui le féconde ? Notre fumier ! Et pourtant pas un parmi nous qui n'ait que sa peau pour tout bien. Vous, les vaches là devant moi, combien de centaines d'hectolitres de lait n'avez-vous pas produit l'année dernière ? Et qu'est-il advenu de ce lait qui vous aurait permis d'élever vos petits, de leur donner force et vigueur ? De chaque goutte l'ennemi s'est délecté et rassasié. Et vous les poules, combien d'œufs n'avez-vous pas pondus cette année-ci ? Et combien de ces œufs avez-vous couvés ? Tous les autres ont été vendus au marché, pour enrichir Jones et ses gens ! Et toi, Douce, où sont les quatre poulains que tu as portés, qui auraient été la consolation de tes vieux jours ? Chacun d'eux fut vendu à l'âge d'un an, et plus jamais tu ne les reverras ! En échange de tes quatre maternités et du travail aux champs, que t'a-t-on donné ? De strictes rations de foin plus un box[4] dans l'étable !

Et même nos vies misérables s'éteignent avant le terme. Quant à moi, je n'ai pas de hargne, étant de ceux qui ont eu de la chance. Me voici dans ma treizième année, j'ai eu plus de quatre cents

---

1. **Nos mœurs** : notre mode de vie.
2. **Tes inutiles lumières** : tes connaissances inutiles que tu considères comme un progrès.
3. **Débile** : faible.
4. **Box** : compartiment.

enfants. Telle est la vie normale chez les cochons, mais à la fin aucun animal n'échappe au couteau infâme. Vous autres, jeunes porcelets assis là et qui m'écoutez, dans les douze mois chacun de vous, sur le point d'être exécuté, hurlera d'atroce souffrance. Et à cette horreur et à cette fin, nous sommes tous astreints – vaches et cochons, moutons et poules, et personne n'est exempté.

George Orwell, *La Ferme des animaux*, chap. 1, 1945.
© Eric Blair, 1945 pour le texte.
© Éditions Champ Libre, 1981 pour la traduction française.

## Texte D
### Aimé Césaire, *Discours sur le colonialisme* (1950)

**Aimé Césaire, poète et homme politique martiniquais, est l'un des fondateurs de la «négritude», mouvement littéraire et philosophique visant à revendiquer une «identité noire». Dans son *Discours sur le colonialisme* de 1950, il dénonce violemment les méfaits de la colonisation, en réfutant un à un les arguments traditionnels des colonialistes.**

Mais parlons des colonisés.[…]

Sécurité? Culture? Juridisme[1]? En attendant, je regarde et je vois, partout où il y a, face à face, colonisateurs et colonisés, la force, la brutalité, la cruauté, le sadisme[2], le heurt[3] et, en parodie de la formation culturelle[4], la fabrication hâtive de quelques milliers de fonctionnaires subalternes[5], de boys[6], d'artisans, d'employés de commerce et d'interprètes nécessaires à la bonne marche des affaires.

J'ai parlé de contact.

Entre colonisateur et colonisé, il n'y a de place que pour la corvée, l'intimidation, la pression, la police, l'impôt, le vol, le viol,

---

1. **Juridisme**: application des lois permettant la justice.
2. **Sadisme**: plaisir à faire du mal à l'autre.
3. **Heurt**: affrontement.
4. **En parodie de la formation culturelle**: comme prétendue instruction.
5. **Subalternes**: inférieurs.
6. **Boys**: serviteurs.

les cultures obligatoires, le mépris, la méfiance, la morgue, la suffisance, la muflerie[1], des élites décérébrées[2], des masses aviles[3].

Aucun contact humain, mais des rapports de domination et de soumission qui transforment l'homme colonisateur en pion, en adjudant, en garde-chiourme[4], en chicote[5] et l'homme indigène en instrument de production.

À mon tour de poser une équation : *colonisation = chosification.*

J'entends la tempête. On me parle de progrès, de « réalisations », de maladies guéries, de niveaux de vie élevés au-dessus d'eux-mêmes.

Moi, je parle de sociétés vidées d'elles-mêmes, des cultures piétinées, d'institutions minées, de terres confisquées, de religions assassinées, de magnificences artistiques anéanties, d'extraordinaires possibilités supprimées.

On me lance à la tête des faits, des statistiques, des kilométrages de routes, de canaux, de chemins de fer.

Moi, je parle de milliers d'hommes sacrifiés au Congo-Océan[6]. Je parle de ceux qui, à l'heure où j'écris, sont en train de creuser à la main le port d'Abidjan[7]. Je parle de millions d'hommes arrachés à leurs dieux, à leur terre, à leurs habitudes, à leur vie, à la vie, à la danse, à la sagesse.

Aimé Césaire, *Discours sur le colonialisme*, 1950.
© Présence africaine.

## Annexe
### Diego Bervejillo, *Poings levés*

➡ Image reproduite en couverture.

---

1. **Morgue**: arrogance ; **suffisance**: vanité, prétention ; **muflerie**: brutalité.
2. **Décérébrées**: sans cerveau.
3. **Aviles**: rabaissées.
4. **Garde-chiourme**: surveillant brutal (péjoratif).
5. **Chicote**: fouet.
6. **Congo-Océan**: grande ligne de chemin de fer africaine construite au Congo par l'administration coloniale française entre 1921 et 1934 au prix de nombreuses vies humaines.
7. **Port d'Abidjan**: port situé en Côte d'Ivoire.

## ■ *Questions sur le corpus*

(4 points pour les séries générales ou 6 points pour les séries technologiques)

**1.** Identifiez l'oppresseur mis en cause dans chacun des textes du corpus. Comment est-il dénoncé dans les discours des membres du corps (texte A, vers 9 à 13), du vieillard tahitien (texte B), de Sage l'Ancien (texte C) et d'Aimé Césaire (texte D) ?

**2.** Dans quelle mesure le texte A se distingue-t-il des autres documents ?

## ■ *Travaux d'écriture*

(16 points pour les séries générales ou 14 points pour les séries technologiques)

### Commentaire (séries générales)

Vous ferez le commentaire du texte d'Aimé Césaire (texte D).

### Commentaire (séries technologiques)

Vous ferez le commentaire du texte de Denis Diderot (texte B), en vous aidant du parcours de lecture suivant :

– Vous montrerez d'abord qu'il s'agit d'une mise en garde persuasive destinée aux Tahitiens.

– Vous analyserez ensuite le blâme formulé contre les Européens dans ce discours.

### Dissertation

Le rôle de la littérature est-il de se livrer à une réflexion critique sur la société ?

Vous répondrez à cette question dans un développement organisé et illustré par des exemples tirés du corpus, des textes étudiés en classe et de vos lectures.

### Écriture d'invention

À la manière de Sage l'Ancien (texte C), écrivez un discours adressé à vos contemporains qui dénonce une situation d'oppression. Vous veillerez à respecter le ton du texte d'origine.

# Fenêtres sur...

 *Des ouvrages à lire*

**D'autres œuvres de George Orwell**

- George Orwell, *Dans la dèche à Paris et à Londres* [1933],
  trad. de l'anglais par Michel Petris, 10/18, 2003.
- George Orwell, *1984* [1949], trad. de l'anglais par Amélie Audiberti,
  Gallimard, « Folio », 1972.

**D'autres contre-utopies**

- Aldous Huxley, *Le Meilleur des mondes* [1932], trad. de l'anglais
  par Jules Castier, Pocket, 1977.
- Ray Bradbury, *Fahrenheit 451* [1953], trad. de l'américain par Jacques
  Chambon et Henri Robillot, Belin-Gallimard, « Classico », 2011.

**Une bande dessinée représentant la tyrannie nazie sous
des traits animaliers**

- Art Spiegelman, *Maus* [1981-1991], Flammarion, 1998.

# Des films à voir

*(Les œuvres citées ci-dessous sont disponibles en DVD.)*

## La révolution russe portée à l'écran

- Sergueï Eisenstein, *Le Cuirassé Potemkine*, avec Alexandre Antonov, Vladimir Barsky et Mikhaïl Gomarov, muet, noir et blanc, 1925.
- Sergueï Eisenstein, *Octobre*, avec Boris Livanov, Nikolay Popov et Vasili Nikandrov, muet, noir et blanc, 1928.

## Une adaptation d'un autre roman de George Orwell

- Michael Radford, *1984*, avec Richard Burton, John Hurt, Suzann Hamilton, couleur, 1984.

## Une autre histoire de résistance animale à l'exploitation humaine

- *Chicken run*, long métrage d'animation de Peter Lord et Nick Park, couleur, 2000.

# Des sites Internet à consulter

## Une exposition virtuelle sur l'utopie et la contre-utopie sur le site de la BNF

- http://expositions.bnf.fr/utopie/index.htm

## Des articles sur George Orwell

- http://www.lexpress.fr/culture/livre/george-orwell_809684.html
- http://www.larevuecritique.fr/categorie-11137360.html
- http://politique.eu.org/spip.php?article1277

# Glossaire

**Allégorie** : représentation concrète d'une idée abstraite ou complexe.

**Apologue** : court récit ayant une portée didactique, apportant un enseignement (moral, philosophique, religieux…). L'apologue est un genre à la fois narratif et argumentatif. La fable, l'utopie, la contre-utopie, la parabole, le conte philosophique sont des genres d'apologue.

**Contre-utopie ou dystopie** : contraire de l'utopie. Récit fictif décrivant un univers de cauchemar, ayant pour fonction de mettre en garde le lecteur contre les défauts de sa propre société en lui présentant les conséquences possibles de leur évolution. La contre-utopie est un genre d'apologue.

**Didactique** : qui vise à instruire.

**Exorde** : introduction d'un discours.

**Fable** : court récit en vers ou en prose, comportant une morale implicite ou explicite, et mettant souvent en scène des animaux. La fable est un genre d'apologue.

**Ironie** : double discours qui consiste à dire une chose tout en suggérant l'inverse. L'ironie joue sur l'implicite, et doit être décodée par le lecteur.

**Péroraison**: conclusion d'un discours.

**Personnification**: figure de style qui consiste à attribuer à une chose ou à un animal des caractéristiques humaines.

**Prolétariat**: classe sociale qui ne possède ni terre ni moyens de production, et qui ne subsiste que grâce aux revenus gagnés par un travail manuel, difficile et peu rémunérateur.

**Propagande**: ensemble des moyens mis en œuvre pour faire accepter une doctrine à l'opinion publique.

**Rhétorique**: art du discours.

**Totalitarisme:** régime politique qui s'organise autour d'un parti unique réunissant tous les pouvoirs et interdisant toute forme d'opposition.

**Utopie**: du grec *u*-(non) et *eu*-(bien) *topos* (lieu). Récit qui présente un lieu imaginaire (*u-topos*) et idéal (*eu-topos*) dans un double but: proposer un modèle de société parfaite, et dénoncer implicitement les défauts de la société réelle. Par extension, rêve de société idéale. L'utopie est un genre d'apologue.

# Notes

# Notes

_____

_____

_____

_____

_____

_____

_____

_____

_____

_____

_____

_____

_____

# Notes

# Notes

# Notes

# Dans la même collection

## CLASSICOCOLLÈGE

# CLASSICOLYCÉE

Marivaux – *Le Jeu de l'amour et du hasard* (55)
Guy de Maupassant – *Bel-Ami* (27)
Guy de Maupassant – *Pierre et Jean* (64)
Molière – *Dom Juan* (26)
Molière – *L'École des femmes* (102)
Molière – *Le Misanthrope* (122)
Molière – *Le Tartuffe* (48)
Montesquieu – *Lettres persanes* (103)
Alfred de Musset – *Lorenzaccio* (111)
Alfred de Musset – *On ne badine pas avec l'amour* (86)
George Orwell – *La Ferme des animaux* (106)
Pierre Péju – *La Petite Chartreuse* (92)
Charles Perrault – *Contes* (137)
Francis Ponge – *Le Parti pris des choses* (72)
Abbé Prévost – *Manon Lescaut* (23)
Racine – *Andromaque* (22)
Racine – *Bérénice* (60)
Racine – *Britannicus* (108)
Racine – *Phèdre* (39)
Arthur Rimbaud – *Œuvres poétiques* (68)
Paul Verlaine – *Poèmes saturniens* et *Fêtes galantes* (101)
Voltaire – *Candide* (18)
Voltaire – *L'Ingénu* (85)
Voltaire – *Micromégas* (117)
Voltaire – *Traité sur la tolérance* (135)
Voltaire – *Zadig* (47)
Émile Zola – *La Fortune des Rougon* (46)
Émile Zola – *Nouvelles naturalistes* (83)
Émile Zola – *Thérèse Raquin* (107)

Pour obtenir plus d'informations, bénéficier d'offres spéciales enseignants ou nous communiquer vos attentes, renseignez-vous sur **www.collection-classico.com** ou envoyez un courriel à **contact.classico@editions-belin.fr**

Cet ouvrage a été composé par Palimpseste à Paris.

Imprimé en Espagne par Novoprint (Barcelone)
Dépôt légal: août 2013 – N° d'édition: 70116457-05/juin17